Teks © 1981 Tafelberg-Uitgewers
Heerengracht 40, Kaapstad
Illustrasies © 1981 Cora Coetzee
Alle regte voorbehou
Omslag ontwerp deur Simon Ford gebaseer op illustrasies deur Cora Coetzee
Inhoud ontwerp deur Willem Jordaan
Geset in 12 op 16 pt. Schoolbook deur Unifoto, Kaapstad.
Litografiese reproduksie deur Unifoto, Kaapstad
Gedruk en gebind deur Paarl Print,
Oosterlandstraat, Paarl, Suid-Afrika
Eerste uitgawe 1958
Tweede uitgawe, eerste druk 1981
Tweede druk 1982
Derde druk 2000
Vierde druk 2005

ISBN 0 624 01517 3

D J OPPERMAN

KLEUTER VERSE BOEK

Met illustrasies deur Cora Coetzee

Tafelberg

Vir
Henri, Diederik,
Madeleine, Dirk-Pieter,
Van Reenen, Kestell,
en hopelik veel meer,
en al die Maatjies.

Van oupa Dirk.

Inhoud

y die oorspronklike keuse in *Kleuterverseboek* het ek in hierdie uitgawe die beste kleuterverse gevoeg wat die afgelope drie en twintig jaar by ons verskyn het. 'n Aantal verse uit ons *Eerste Afrikaanse Printjies Boeki ver Soet Kinders* is ingesluit en verder veel ruimer gekies uit ons erfgoed, piekniekliedjies, dansriele, koggelspele, raaiselrympies en die heerlike abrakabaal van die opnoem. Die strewe was dus om die beste van ons gemeenskapskuns én die beste van ons eie kunstenaars se werk in een band saam te vat.

Die temas is opnuut gegroepeer en word duidelik in die inhoudsopgawe én voor elke afdeling genoem. Hulle begin met eenvoudige voorbeelde en word geleidelik ingewikkelder. Die leser sal volgens elke kind se ouderdom en behoefte weet waar om op te hou en wanneer om weer terug te keer na die betrokke tema.

Daar is besluit om die bundel opnuut te ontwerp en van nuwe illustrasies te voorsien. My opregte dank aan Willem Jordaan en Cora Coetzee.

Waar 'n versie sonder naam verskyn, is dit erfgoed.

Ten slotte wil ek die digters bedank vir hulle gulle samewerking. Verskeie het my op die spoor van vergete werk in die tydskrifte gebring en ander het hulle manuskripte tot my beskikking gestel. Ek moet hier en daar 'n digter om verskoning vra vir die plesiertjies van my jeukerige pen!

Die ouer broertjie van *Nuwe Kleuterverseboek* is *Nuwe Klein Verseboek,* wat binnekort verskyn.

Bieblebom!

D. J. Opperman.

1.
Rympies vir die vingers, tone, tronies
en ritjies op die ponies

Kollewyntjie

Gesiggie: kollewyntjie.
Ogies: twee rosyntjies.
Mond is 'n slootjie.
Kersie op die neusie . . .
blaas dood die kersie!
Uit is my versie!

TRIENKE LAURIE

Duimpie

Duimpie,
Duimpie se maat,
Langeraad,
Fielafooi,
Pieps in die kooi!

Raakliedjie

Kyk uit!
Ruik uit!
Hap-hap-hap!
Kennebak!
Gorrelgat!
Okkerneutjiesak!

Tik- en drukspeletjie

Traantjie-ogies,
frummelneusie,
krummel mondjie,
handvol grondjies,
beentjies rietjies,
bloukolknietjies,
nerf-af toontjies.

Skiet hom in die magie!
Soen hom in sy kragie!

TRIENKE LAURIE

Spel met gesiggie

Gorrelpypie!
Kennewippie!
Mondefluitjie!
Neusepypie!
Rooi, rooi wangetjies!
Diep, diep klofie!
Waterogies!
Sjoeps, voor die hofie!

Ons baba

Twee snaakse klein oortjies, karpliks, karplaks!
Twee groot, ronde oë, karplou!
'n Klein, kleine mond
soos 'n sentjie so rond,
en drie haartjies wat oor mekaar vou.

ELIZABETH VAN DER MERWE

Vingers wys

Pinkie,
Goue ringetjie,
Lange lier,
Potteskraper,
Ketellapper,
Kielie kielie
Winkelier!

Duimelot

Duimelot het 'n os gekoop,
Lekkepot het hom laat loop,
Langeraad het hom afgeslag,
Fielafooi het die wors gestop,
en dié klein skelm eet alles op!

Vingerling

Duimpie het in die water geval,
Lekkepot het hom uitgehaal,
Langeraad het hom huis toe gedra,
Fielafooi het hom neergelê
en Pinkie het vir Ma gaan sê.

Kleine Pinkie

Ek suig so graag aan Duimelot
as ekke honger kry,
of Lekkepot en Lange Jaap
en Fielafooi daarby.
Maar kleine Pinkie bêre ek
vir later dae wat kom.
En eendag as ek oud is, moet
jul sien hoe suig ek hóm.

ELIZABETH VAN DER MERWE

'n Vingerrympie

Duimelot gaan na die mark,
Lekkepot koop daar 'n vark,
Langejaap voer hom mooi vet,
Vingerling neem sy portret;
maar klein Pink die saal hom op
en almal skree net: 'Stop! Stop! Stop!'

ELIZABETH VAN DER MERWE

Klein Piedeplooi

Klein Piedeplooi
vangieflooi vangieflooi
in jou lekker warm kooi
soek die tata soekom
vra die josie hoekom
hy by jou kom kriewel
wys hom jys sy doekom.

BOERNEEF

Vingers wys

Na bed, na bed, sê Duimelot.
Eers nog iets eet, sê Lekkepot.
Waar kry ons dit? vra Langelot.
Uit Ma se kas, sê Ringeling.
Ek gaan verklik, sê Pinkeling.

12

Twee klein vinkies

Twee klein vinkies,
Piet en Griet,
sit op 'n takkie
en sing 'n lied.

Weg vlieg Piet
en daar gaan Griet.
Kom t'rug, vinkies,
en sing julle lied!

RIKA NEL

Vingerspeletjie

Hier is my huisie,
die dakkie lyk so:
twee skoorsteentjies
op die dak daarbo,
een klein venstertjie,
twee, drie, vier . . .
Waar is die deurtjie?
Die deurtjie is hier!

RIKA NEL

Hoendertjie speel

Vyf fraai vingertjies,
poffertjies dik;
hier kom die hoendertjie
pik, pik, pik!

Maak gou 'n vuisie,
vingertjies vyf;
vat vas die vingertjies
styf, styf, styf.

Vyf fraai vingertjies,
vuisie so sterk;
weg vlug die pikkertjie,
weg, weg, weg!

ELSA DU TOIT

13

Huisrympies

ALMAL HELP! ('N VINGERRYMPIE VIR AL TIEN)

Hierdie outjie vee die huis uit,
hierdie outjie was die ruit.
Hierdie ene was die skottelgoed,
hierdie ene skuur die messegoed.
Hierdie outjie skink die tee,
en almal drink dit met hom mee.

Hierdie ene stof die rak,
hierdie ene help om reg te pak.
Hierdie outjie help vir Ma,
hierdie outjie help vir Pa.
Hierdie een help kos opdra –
al die werk is klaar – hoera!

Weet jy van die huisie
in my kleine vuisie?
Hier woon die pappa,
hier is die mamma.
Hier is ousus – en haar boet,
en die baba – stroop-stroopsoet.

ANNA DU RAAN

Vingervoëltjies

Duimpie Duifie duik na 'n saadjie,
Wyserman Wewer vang 'n kewer,
Middelman Mossie soek 'n gogga-kossie,
Ringvinger Troupant pik 'n pluimpie,
Pinkie Tinktinkie soek na 'n maatjie.

Daar sien hy toe:

Duimpie Duifie,
Wyserman Wewer,
Middelman Mossie,
Ringvinger Troupant.

En wie's hierdie kalant?
Niemand anders as Pinkie Tinktinkie!

TRIENKE LAURIE

Aanraakliedjie

Handjies klap,
voetjies stap,
ogies kyk,
neusie snuit,
mondjie fluit,
kennebak,
gorrelgat,
doedelsak!

14

Klap, klap, klap!
(SPELETJIE)

Klippertjie kappertjie
kap, kap, kap.

Mondjie happertjie
hap, hap, hap.

Voetjie skoppertjie
handjie klappertjie.

Happertjie
skoppertjie
klap, klap, klap.

ELSA DU TOIT

Slaphandjie speel

Slappe, pappe handjie!
Waar hang ons hierdie plankie?
Op jou kop of teen my nek?
Hierso, daarso, ander plek?
Waps by jou, of woeps by my?
Kaplaks, ons het sy haak gekry!

MARIÉ VAN REENEN

Handjies vou

Henkie Penkie Poedel Pou,
kan jy ook jou handjies vou?
Sit een hand hier en een hand daar
en vou hul altwee oormekaar.

ELIZABETH VAN DER MERWE

Aksierympie

Met my hande klap, klap, klap,
met my voete stap, stap, stap.
Ek kan my knieë knik, knik,
met my vingers tik, tik.
Altwee arms lig ek op,
daarmee raak ek aan my kop,
met my mond tel ek tot tien,
met my oë kan ek sien,
alles om my kan ek hoor,
want ek luister met my oor!
My speelgoed sal ek sommer los,
want my neusie ruik die kos!

RIKA NEL

15

Kleuterrympies

Handjies klappies,
naeltjies krappies –
  ogies knippies,
  lag met lippies –
oortjies luister,
mondjies fluister –
  armpies rekkies,
  draai die nekkies –
voetjies stappies,
klim die trappies –
  keeltjie slukkies,
  lyfie bukkies –
neusie niesie,
bolmakiesie!

WINNIE MALAN

Kielieliedjie

Handjies klap,
koekies bak,
gaan na die mark,
koop 'n stukkie vark;
koop 'n stukkie long
vir die sieke jong;
koop 'n stukkie lint
vir die sieke kind.
Hier kom die krappie aangekruip
en onder die armpie ingeduik!

GEWYSIG

Klop, klop, hamertjie

Klop, klop, hamertjie!
Is daar iemand tuis?
Net Oupa in sy kamertjie
sit hier in die huis.

En wat wil Oupa eet vanaand?
'Kaas en brood.'
En wat wil Oupa drink vanaand?
'Water uit die sloot.'

VERWERK DEUR ELSA DU TOIT

Siembamba, Mama se kindjie

Siembamba, Mama se kindjie!
Siembamba, Mama se kindjie!
Draai sy nek om, gooi hom in die sloot,
trap op sy kop dan is hy dood!

Laat die voetjies

Laat die voetjies trap, trap, trap!
Laat die handjies klap, klap, klap!
Pas op vir jou! Pas op vir jou!
Of jy kry onder die taaibostou.

16

Weggooispeletjie

Wie's dit wat so rondrinkink?
Ogies wat soos spieëltjies blink?
Stertjies wat so stink, stink, stink?
Gooi hom weg
gooi hom weg
kleine sleg!

TRIENKE LAURIE

Knype, knype, tangetjie

Knype, knype, tangetjie,
wie is daar dood?
''n Oue, koue mannetjie,
hy lê daar in die sloot.'
Wat het hy geëet?
'Harde korsies brood.'
Wat het hy gedrink?
'Water uit die sloot.'
Waar is hy nou?
'Heeltemal uit sy nood.'
Hoe weet jy dit?
'Kyk, hy is morsdood.'

Troetelrym

Ienkel, dienkel, dalie-kind
hardloop soos die wilde wind.
Hier gedraai en daar geswaai
en binne-in my hart gewaai.

ALBA BOUWER

Tone

Ag, kyk my baie tone!
Kyk my snaakse tone!
My groottoon, my kleintoon,
en al my ander tone:
'n krom toon, 'n stomp toon,
'n skewe toon, 'n lomp toon,
'n plat toon, 'n lang toon,
'n kort toon, 'n mank toon!
Hoe kan hierdie snaakse boel
in 'n skoentjie lekker voel?

TWINKLE HANEKOM

Toontjies tel

Ek het vyf vet toontjies
vas aan elke voet.
Die eerste is die grootste
en hy smaak lekker soet.

Die tweede een is lank en maer
en somtyds bietjie stil.
Die derde een is vrolik, vet,
en doen net wat hy wil.

Sy buurman is my vierde toon,
hy lyk al jare oud.
Dan volg die vyfde, klein en krom,
en ek is tog te lief vir hom,
maar ai, hy's baie stout!

ELIZABETH VAN DER MERWE

Voetjie slaan

'Môre, neef Gert,
kan jy my perd
miskien beslaan?'
'Dit is my werk.
Laat hom stil staan.
Tel pootjie op,
hamertjie klop:
spykertjie klink-klonk,
dat perdjie kan pronk;
spykertjie klip-klop,
dat perdjie galop.
Klip-klop, klink-klonk,
kyk net hoe die klippe vonk!'

VERWERK

Skuitjie vaar oor die see

Skuitjie vaar oor die see,
bring vir kindjie koekies mee,
koekies met vier hoekies,
aan die kantjies rond en smal.
Raai in wie se mondjie dit val.

GEWYSIG

Hoe ry die boertjies?

Hoe ry die boertjies? Sit-sit so,
sit-sit so, sit-sit so.
Hoe ry die boertjies? Sit-sit so,
mandjie patats na die Boland toe.
Kaapse nooiens sê: Tingelingeling,
tingelingeling, tingelingeling.
Kaapse nooiens sê: Tingelingeling,
tingelingeling, hoera!

Loop soetjies

Loop soetjies,
klein voetjies,
want baba die slaap.
Baba die slaap,
want baba moet groeitjies.
Loop soetjies,
klein voetjies,
loop soetjies.

TWINKLE HANEKOM

18

Perdjie ry

My pappa is my perdjie:
ek ry dan op sy voet,
sy skoen is my klein saaltjie,
dit pas my baie goed.

Ek kraai soms soos 'n haantjie,
as ons so vinnig draf.
Dan huil ek weer 'n traantjie
as Pappa sê: 'Klim af!'

ELIZABETH SNYMAN

Vir die kleintjies

Twee klein handjies om mee te werk –
tien klein vingertjies word daardeur sterk.

Twee klein voetjies om mee te loop
om my ma se goed te koop.

Twee klein ogies om mee te kyk
hoedat Mammie my kleertjies stryk.

Twee klein oortjies om mee te hoor
as Pappie sê ek moenie stoor.

Twee klein lippies om mee te soen
en 'n klomp klein tandjies soos perlemoen.

WINNIE MALAN

Wipspeletjie

En die sprinkaan spring,
en hy spring en hy wip
van 'n mielie op 'n blik,
en hy wieg en hy wik
van 'n blik op 'n blaar
van 'n blaar op 'n stomp
van die stomp op 'n pomp
van die pomp op my knie!

En hy skrik en hy vlie,
van 'n pomp op 'n stomp
van die stomp op 'n blaar
van die blaar op 'n blik
van die blik op 'n mielie
van die mielie op my knie.

O! En sy pote glip,
en hy val op 'n klip,
en hy val en hy gly,
en hy sukkel en stry . . .

en die sprinkaan spring,

TRIENKE LAURIE

19

Jan Balie

Daar kom ou Jan Balie om die draai,
hy het sy vrou se tjalie om;
hy lag so, gie! Hy lag so, ga!
Hy lag so, gie, ga, ga!

Rondomtalie

Onse klein ou Tjankebalie
ry so dolgraag rondomtalie.
Vader lig haar skouerhoog
en swaai haar in 'n halwe boog,
dan skaterlag Marien Maryn –
ou Tjankebalie het verdwyn.

ELIZABETH VAN DER MERWE

Kniespel

Gee die perdjie hawer.
Gee die perdjie klawer.
Gee die perdjie lekker kaf
dan loop hy op 'n stywe draf.

GEWYSIG

Knieliedjie

Hurte, hurte, perdjies
met hul stompe stertjies!
Kyk hoe ry die menere
met hul bonte klere,
kyk hoe ry die vroutjies
met hul wye moutjies,
en kyk hoe ry die konstabel
met sy groot blink sabel.

GEWYSIG

Hop, my Jannetjie

Hop, my Jannetjie,
stroop in die kannetjie,
laat die poppies dans.
'n Goeie man,
'n flukse man,
dié man kom huis toe saans,
hy roer die pap, hy wieg die kind -
en laat die hondjie dans!

GEWYSIG

Huil, Baba, huil!

Ou huile-buile-biedlam-bou,
klein huile-buile-bom.
Kyk wat bring jou mammie jou,
kyk wat nou hier kom.
Ou huile-buile-biedlam-bou,
'n bottel water net vir jou,
klein huile-buile-bom!

ELIZABETH VAN DER MERWE

Lag, Baba, lag!

Lag, Baba, lag!
Want jou pappa het gaan jag.
Hy bring velle van die mol
om die baba in te rol.

W. VERSFELD

Krampliedjie

Krimpe, krempe, krampe krou . . .
Luister wat ek sê:
Vandag wil ek tog liewerste
'n ander mamma hê;
want die krimpe, krempe, krampe
wat my ma se melk my gee,
laat my ure aanmekaar:
'Wa-wêê, wa-wêê-wa,' skree.

ELIZABETH VAN DER MERWE

Liefste pestilensie

Moenie so grens nie!
Draai hom op sy pensie,
gee hom 'n foppie,
streel sy ou koppie.

Pyn sy ou tandjies,
vryf ons die randjies,
sing net 'n liedjie –
weg die verdrietjie!

TRIENKE LAURIE

21

2.
As die eerste klanke kom!
Vir koggel, roep, spel en tong

Knippe, kneppe, knopies

Knippe, kneppe, knopies
    aan my Mam se rok;
rooi en blou
    en groen en grou
voor en agter,
    op die mou –
genoeg om heeldag
    aan te kou –
die knippe, kneppe, knopies
    aan my Mam se rok.

ELIZABETH VAN DER MERWE

Eier gelê

'Eier gelê! Eier gelê!' kekkel die hen.
'Waar? Waar?' blaas die makou.
'Om die hoek, om die hoek!' kloek die kalkoen.
'Ka, ka, ka, ka!' skater die ganse.

My tong

Ek het 'n lang tong, ek het 'n kort tong,
ek het 'n tong in die middel van my mond.
Ek kan hom links draai, ek kan hom regs draai,
ek draai my tongetjie orals rond.

ELIZABETH VAN DER MERWE

As Baba leer praat

'Miaau-miaau,' sê die katjie,
'Woef-woef,' sê die hond,
'Moo-moo,' sê die rooi koei
en haar kalfie bont.

'Ô-ô,' sê die varkie,
'Mê-mê,' sê die lam,
'Kwaak-kwaak,' sê die eende
onder by die dam.

'Hie-hô,' sê die donkie,
'Boggom,' sê die aap,
'Piep-piep,' sê die voëltjies
net voor hul gaan slaap.

'Kê-kê,' sê die henne,
'Koe-ke-doe-del-doo!'
sê die klein swart haantjie
met sy kop na bo.

WINNIE MALAN

23

Voëltjie-leed

Twietoe-twie . . . t
twietoe-twie . . . t
roep die voëltjie-ma.

Twietoe-twie . . . t
twietoe-twie . . . t
ek het niemand tog gepla.

My kindertjies is weg,
my nessie is gebreek,
twietoe-twie . . . t
twietoe-twie . . . t
wie was tog so vreeslik wreed!

BESSIE KOTZÉ

Trippe, trappe, trone

Trippe, trappe, trone,
varkies in die bone,
koeitjies in die klawer,
perdjies in die hawer,
eendjies op die waterplas,
gansies in die groene gras.
Ek wens dat kindjie groter was
om al die diertjies op te pas.

Die hekkie

Hekkie, hekkie, hou jou toe!
Hier kom hen
met kuikens aangestap
om jou beddings plat te trap,
om jou saadjies uit te krap . . .
Kloek, kloek,
piep, piep, piep . . .
Hekkie, hekkie, hou jou toe!

HILDA POSTMA

Jan Oom

Jan Oom
sit in die boom
  en wag.

Toe breek die boom,
toe val Jan Oom
en al die koeitjies
  lag.

Die diere gesels

Tarentaal sê:	'Bankrot! Bankrot! Bankrot!'
Kalkoentjie:	'Siek! Siek! Siek!'
Korhaan:	'So wragtie! So wragtie! So wragtie!'
Vlakpatrys:	'Kelkie wyn! Kelkie wyn!'
Bergpatrys:	'Katjiepiering, bring die kierie!'
Kraai:	'Haal uit die oog! Haal uit die oog!
	Potberg! Potberg! Hothou! Hothou!
	O, die wa val om!'
Donkie:	'H-i-e-r tel ek 'n knipmes op!
	Dis myne!
	Dis myne!'
	'Abraham, Isak, Jakob,
	Twaalf seuns, al twaalf, al twaalf!'
	'Vra vir jou ma kalkoentjiesop!
	Daar's 'n bees dood!
	Daar's 'n bees dood!'
Ganse:	*Eerste*: 'Kom, kom, kom!'
	Tweede: 'Waarnatoe!'
	Derde: 'Bo na die boer se grasland toe!'
Paddas:	*Eerste*: 'Ek het 'n rrrrok aan! Ek het 'n rrrrok aan!'
	Tweede: 'Hy's te korrrt! Hy's te korrrt!'
	Derde: 'Trrek hom uit! Trrrek hom uit!'
	Vierde: 'Vrrek! Vrrek!'
Hen wat nes soek:	'As ek maar net 'n bed het, 'n bed het!'
Hen wat kekkel:	'Ek het 'n eier gelê! Ek het 'n eier gelê!'
	Die ander hoenders: 'Wie 't gesien? Wie 't gesien?'
	Die haan: 'Ekke! Ekke!'
Pluimvee:	*Hen*: 'Ek het 'n eier gelê! Ek het 'n eier gelê!'
	Makou: 'Waar? Waar?'
	Kalkoen: 'In die koelte! In die koelte!'
	'Eier gelê! Eier gelê!' sê die hoender.
	'Waar, waar?' (*saggies*) vra die makou.
	'Om die hoek, om die hoek!' (*vinnig*) sê die kalkoen.
	'Ka, ka, ka, ka!' lag die ganse.

S. J. DU TOIT. GEWYSIG

Die varkie

Woepertjie, wappertjie,
  dikkertjie, dok,
woeps spring die varkie
  dwarsoor sy hok.

Snoetertjie, snatertjie,
  rikkertjie, rak,
klein ou pootjies,
  binne-in die bak.

Sikkertjie, sakkertjie,
  nikkertjie, nok,
woeps spring die varkie
  weer terug in die hok.

JEANETTE PISTORIUS

Ta-ra, ra-ra, boemdery

Ta-ra, ra-ra, boemdery,
Oupa het 'n vark gery,
afgeval en seergekry,
opgeklim en weer gery,
ta-ra, ra-ra, boemdery!

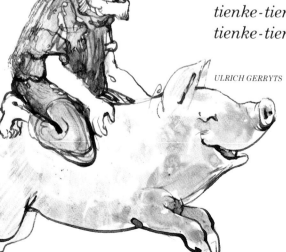

Ou Padda

Padda praat so pragtig,
hy praat so nes 'n padda.
Het jy vir Padda al hoor praat,
hoor praat en praat en praat?

Padda praat so pragtig,
so sonder om te traak
of al die grootmense nou raas
om hy so praat en praat.

ELSA DU TOIT

Kriek speel musiek

Steek aan die vuurtjie;
dis koud, dis koud.
Woerts spring 'n mannetjie
onder uit die hout.

Krom bene, krom arms,
met 'n klein ramkie,
speel met krom vingers:
tienke-tieng-tie.

Wie is jy? Wie is jy?
Sê my, wie?

Ek is kriek en ek speel ramkie:
tienke-tieng, tienke-tieng,
tienke-tieng-tie.

ULRICH GERRYTS

Paddalied

Ure, maande, jare lank
hoor jy net die paddaklank:
Kwaak, kwaak, kwaak,
kierie, kierie, kierie, kierie,
woerts deur die water!
Kwaak, kwaak, kwaak,
kierie, kierie, kierie, kierie,
kwaak, kwaak, kwaak,
woerts deur die water!

Danslied van die paddas

O diedel doedel dye,
o diedel doedel dam.
Groot ou brulpadda soek na sy kam.

Hoe doedel al die ander
hulle doedelsakkies,
hulle doedel en doedel
hulle kwekkies en kwakkies.

Dit doedel in die vleie,
dit doedel in die dam.
Groot ou brulpadda soek nog na sy kam.

O diedel doedel dye,
o diedel doedel dam.
Ou padda soek nou hare op sy kop om te kam.

ULRICH GERRYTS

Orkes

Ienke-dienke winkelier
Sussie speel op die klavier.
Onke-ponke donkelaar
Boetie tokkel sy kitaar.

A. J. J. VISSER

Ooievaar

Ooievaar, langepoot,
haal die paddas uit die sloot,
steek hul in jou lange bek,
maak hul dood met trekke, trek,
tot hul uitroep: Kwekke, kwek!

Dolos

O, ek maak 'n bohaai en ek maak 'n lawaai
as my swepie so draai en my swepie so swaai.
En ek roep en ek roep: H-o-o-kaai! H-o-o-kaai!
  H-o-o-kaai, Roland!
  H-o-o-kaai, Boland!
  Hokaai . . .
  Hoo!

TWINKLE HANEKOM

Die kriekie

Luister na sy mooi musiek:
Kriek en kriek! Kriek en kriek!
In die skeurtjie
sit meneertjie:
Kriek en kriek! Kriek en kriek!

Is meneertjie dalkies siek?
Kriek en kriek! Kriek en kriek!
Wag 'n bietjie
met jou liedjie:
Kriek en kriek! Kriek en kriek!

Nee, dis alles net verniet:
Kriek en kriek! Kriek en kriek!
Hou nie op nie?
Wil nie stop nie?
Kriek en kriek! Kriek en kriek!

Goed, meneertjie in jou skeurtjie:
Kriek en kriek! Kriek en kriek!
Ek sal luister
in die duister
na jou lied . . . Kriek en kriek!

A. B. CILLIERS

Kom jol nou

(KAAPSE MOPPIE)

Dis die Nuwe Jaar,
bas en kitaar,
banjo en mandolien
kan jy nou orals sien.
Kom jol 'n bietjie saam.
Boem, boem, boem, boem,
speel die bas nou daar.
Zoem, zoem, zoem, zoem,
sing die kitaar,
tangelang, tangelang,
hoor die ou banjo,
tiengelieng, tiengelieng
sê die mandolien.

I. D. DU PLESSIS

Slaan op die trommel van Dirredomdyne

Slaan op die trommel van Dirredomdyne,
slaan op die trommel van Dirredomdag.
'Wakker, word wakker, Marina Maryne.
Dirredom! Hoor daar, jy's een jaar vandag.'

    Slaan op die trommel van Dirredomdyne,
    slaan op die trommel van Dirredomdee.
    'n Lappop van Pappa en Mamma, Maryne!
    'Dirredom, dirredom! Nou is jy twee.'

Slaan op die trommel van Dirredomdyne,
slaan op die trommel van Dirredomdie.
"n Driewiel van Oupa en Ouma, Maryne.
Dirredom, dirredom, dirredom, drie!'

    Slaan op die trommel van Dirredomdyne,
    slaan op die trommel van Dirredomdier.
    "n Slaappop van Duitsland, Marina Maryne.
    Dirredom, dirredom, dom, dom – vier!'

Slaan op die trommel van Dirredomdyne,
slaan op die trommel van Dirredomdyf.
"n Stootwa met klein popkomberse, Maryne.
Dirredom, dom, dom, dom, dom – vyf!'

    Slaan op die trommel van Dirredomdyne,
    slaan op die trommel van Dirredomdes.
    "n Boeksak met kladskrif en potlood, Maryne.'
    'Hoerê, ek gaan skool toe. Vandag is ek ses!'

ELIZABETH VAN DER MERWE

Die Pêrel se klokkies

Die Pêrel se klokkies het 'n mooie geluid
en die Boland se nooientjies sien liefies daar uit.
La, la, la . . .
la, la, la . . .
sien liefies daar uit.

Die Bergrivier vloei daar so helder soos glas
en ek kan nie ontken nie hoe lief julle was.
La, la, la . . .
la, la, la . . .
hoe lief julle was.

'n Klein bietjie liefde en 'n klein bietjie trou
en 'n klein bietjie valsheid dan het jy 'n vrou!
La, la, la . . .
la, la, la . . .
dan het jy 'n vrou!

Maar die Onderveld roep my; dis nou oulaas se sien.
Ek sal treur en verlang, ja na julle miskien!
La, la, la . . .
la, la, la . . .
na julle miskien!

Gesigte trek

My snaakse broertjie het so graag
skewemond vir my getrek.
Hy steek sy tong uit, draai sy oë,
en ook sy nek word uitgerek!

'Hou op met skewemond te trek.
'n Trein mag fluit of klok mag slaan.'
Pas gesê . . . of dit gebeur,
toe het sy mond so skeef bly staan!

HELENA J. F. LOCHNER

Die horlosie

Slinge-linge, tinge-linger
skoppelmaai
sy goue slinger.

Op die kaggelrak
tel hy die sekondes
tikke-rikke, tikke-tak.

En sy duifie koer
elke uur
hoeke-loeke, koeke-loer.

A. J. J. VISSER

Horlosie

Tik -tak, tik -tak, in sy kas
draai die wieletjie om sy as.
Eendag sal ek self nog kyk
hoe dit alles binne lyk.

OOM IZAK

Muis en die klok

Tikke -tak, tikke -tak, tok!
Die muis kruip in die klok,
die klok slaan een,
die muis draf heen.
Tikke -tak, tikke -tak, tok!

Die ou huisklok

Tik -tok! Tik -tok!
Hoor wat sê die klok:

'Honderd jare is ek oud,
en my bors is al benoud.
My slag is baie swak,
ek bewe op die rak,
ek het soveel verdriet,
maar ingee is verniet.'

HENRIETTE PIENAAR

Trein ry

Sakke, pakke,
sout en peper;
gee my stoom
dan loop ek beter!

PIETER W. GROBBELAAR

Die trein

Pak op, pak op die bagasie,
hier ry ons van Pampoenpoortstasie!

Ons Massie is die masjinis
en Kassie is die stoker,
Griet en Miet is passasiers
en Kiewiet knip die kaartjie.

Pak af, pak af die bagasie,
hier kom ons op Pampoenpoortstasie!

ELSA DU TOIT

Vier treine

DIE STEENKOOLTREIN

'Tjokke, tjokke, tjok!' sê die steenkooltrein.
'Ek kom van die myn, van die steenkoolmyn,
Enyati, Tendega en Showba se myn,
tjokke, tjokke, tjok!' sê die steenkooltrein.

DIE SNELTREIN ORANJE

'Roekeloekloek,' sê die Sneltrein Oranje.
'Ek ry tog so vinnig, so al wat ek kan, ja,
van Kaapstad na Durban met Pieter en Sanja,
roekeloekloek, ek is Sneltrein Oranje!'

DIE SUIKERRIETTREIN NA PONGOLA

'Rokketiek, tokketeul, rokketiek, tiek!
Hier kom die trein met die soet suikerriet.
Rokketiek, tokketeul, rokketiek, teul,
Pongola se suikerriet ry na die meul!'

DIE BLOU TREIN

'Kyk, hier kom die Pou-trein,
die gouste, goue goutrein;
die hier's-hy-sommer-nou-trein,
die Blou Trein, die Blou Trein!'

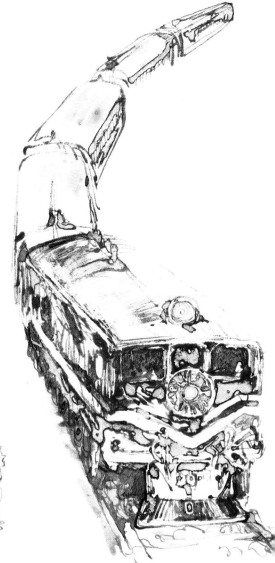

Die lokomotief

ELIZABETH VAN DER MERWE

So raas en so blaas
die ou lokomotief:
Flofferdeflief,
flofferdeflief,
rofferde-rofferde-reknie.
So raas en so blaas
die ou lokomotief
oor niemand hom kom help trek nie!

A. FOUCHÉ

Elektriese lokomotief

Geen sakke-pakke,
gepuf of toet-toet.
Geen steenkool meer vir my
en nêrens roet.

Oor die vlaktes, oor die heuwels
draf ek met my vragte groot–
jy kan jou oor nie glo nie,
doeksag soos 'n duisendpoot.

Dus, ou Sakke-pakke,
trek tog betyds opsy,
want ek sal, op die lang pad,
jou gou-gou stokflou ry.

A. J. J. VISSER

Treintjie speel

Pof, pof, pof, pof,
dwarsdeur die stof.
Pietjie is die enjin,
ons is die trein.
Pof, pof.

Sakka pakka pof, pof.
Sakka pakka pof, pof.
Sj-sj
hier's die stasie,
stop, stop.

TWINKLE HANEKOM

Kraai

Oom Kraai gaan uit met pyl en boog,
hy skiet vir Skilpad in die oog.
Oom Skilpad was so groot en vet,
daarom skiet oom Kraai so net.

Vlermuis

Vlermuis, vlermuis,
botter en brood,
ek slaan jou sommer
met 'n latjie dood.

Slaan Haman dood

Slaan Haman dood, slaan Haman dood,
met skoene en met kouse:
Haman het 'n galg gebou
vir Jode en vir smouse.

Raad

Is jy boos,
pluk 'n roos,
steek dit op jou hoed,
dan is jy môre weer goed.

Harlekyn

Harlekyn dans op 'n biesie,
Harlekyn slaan bollemakiesie,
Harlekyn val in die sloot,
Harlekyn is nog nie dood.

Hik, hik

Sprik, sprak, sprou,
ek gee die hik aan jou;
ek gee die hik aan een
wat kan veg daarteen.
Sprik, sprak, sprou.

GEWYSIG

Soetrissies

Mamma noem my rissiepit
as ek nie op my stoeltjie sit.
Rissies is rooi
en rissies is soet
en rissies kan stilsit, dis nie altemit!

RIKA NEL

Katjie, katjie, Nelletjie

Katjie, katjie, Nelletjie,
waar was jy dan gewees?
Kyk hoe lyk jou velletjie!
Hoe kan dit ooit genees?

Katjie, katjie, Nelletjie,
foei tog, katjie, foei!
dat jy jou mooi wit velletjie
so lelik laat verskroei.

Ek het nog in my laaitjie
'n naaldjie met 'n draadjie,
en 'n stukkie katjievel.
Ek sal, katjie Nelletjie, dit gou herstel.

VERWERK

Pas op vir blinde sambokkie

Wie's dit wat daar so lawaai
en aan die deur bly rits en swaai?
Basta op die tafel timmer, tok!
Basta met die woel
en wikkel op jou stoel!
Maak asseblief nie so amok nie!
Mapstieks! Daar bloei jou knie!
Kyk, nè, hoe hard piets
so 'n blinde sambokkie!

TRIENKE LAURIE

Dik Douw Duine

Dik Douw Duine kom oor die brug
met sy pappot op sy rug –
met sy kierie in sy hand,
kom Dik Douw Duine in die land.

Dik Douw Duine sing en snater,
bollemakiesie in die water!
Kop en pootjies papsopnat
kom Dik Douw Duine in die stad.

GEWYSIG DEUR M.O.

Klippie, klippie, klawer

Klippie, klippie, klawer,
die haas is in die hawer.
Die koei is in die kraal
en die boertjie het verdwaal!

ALBA BOUWER

Holderstebolder

Holderstebolder,
die kat op die solder,
die muis in die heining,
die heining aan die brand,
die duiwel op die land
met 'n sekel in die hand.

Klinge-linge-luit

Klinge-linge-luit,
Kietsie's in die spruit.
Wie't haar ingegooi?
Pietertjie du Plooy.
Wie't haar uitgehaal?
Willempie de Waal.
En al die bekendes
van die arme dier,
kom na haar begrafnis
tussen drie en vier.

Eina!

Hiert jy! Haai jy!
  Help my!
  Hou my!
Die aaklige hoepse-hapse hond
het my broekspyp in sy mond!
  Help my!
  Hiert jy!
  Haai!
  O . . . sjoe!

TWINKLE HANEKOM

Malie

Malie, Malie, rondomtalie,
wals so mals, so wiekiewalie.
Mooi so, Malie, rondomtalie,
om en om so wiekiewalie.

TWINKLE HANEKOM

Kat en hond

Tienge-lienge-lieng,
die kat by die kaas.

Woefe-woefe-woef,
die hond gaan nou raas!

Tienge-lienge-lieng,
die kat begin te blaas.

Woefe-woefe-woef,
die hond hou hom baas.

Krappe-krappe-krap,
die kat word nou kwaai!

Tjanke-tjanke-tjank,
die hond het laat waai!

BESSIE KOTZÉ

Swaeltjie

Swaeltjie, Swaeltjie,
swie swie swee,
tel my op
en neem my mee.
Hoog oor die berge,
ver oor die see
vlieg ek en Swaeltjie
swie swie swee.

ULRICH GERRYTS

'Sjuut!'

'My ma sê ek praat glad te veel!
Sy soek 'n draadjie sy;
'n knopie en 'n knoopsgaatjie –
dié moet my mondjie kry!'

HELENA J. F. LOCHNER

Rippie, rippie, rafel

Rippie, rippie, rafel,
die kat spring op die tafel.
Rippie, rippie, rinkel,
die koppietjies die tinkel.
Rippie, rippie, ronde skêr,
hoor jy ook die skapie blêr?

ALBA BOUWER

36

Fiskaal op die paal

Jannetjie Fiskaal
sit op die paal;
sy hoed is stukkend
en sy kop is kaal.

Jannie Fiskaal

Jannie Fiskaal,
wie se kinders is dit die?
Allewie, wie,
wie se kinders is dit die?

Hierts!
Die meisies sê:
Die wind kom op,
die wind kom op.
Hierts!
Die meisies sê:
Die wind kom op,
een twee drie.

Snaaks!

Ek speel met my vingers, ek speel met my voet,
ek oefen my klanke, soos babetjies moet.
Ek koer nes 'n duifie, dan sê Ma: 'Jy's soet!'

Ek oefen my huilklank, maar êrens is fout,
ek oefen my boeglam, dan sê Ma benoud:
'Maar kind, wat makéér jou, jy's nou weer so stóút.'

ELIZABETH VAN DER MERWE

Die olifant

Hierdie gomlastiekkalant
met 'n stert aan elke kant,
met sy turfvel kaal en skurf,
met sy langslang van 'n slurf,
is die
    Olie-
      rolie-
        polie-
          katjie-
            poetjie-
              olifant.

A. G. VISSER

Ou tannie Viljoen

Ou tannie Viljoen, sy woon in 'n skoen
met so 'n trop kinders, wat moet sy tog doen?
Sy gee hulle pap met geen suiker daarop,
sy boender hulle bed toe met die handsambok.

W. VERSFELD. GEWYSIG

Swaar woord

Dis baie eienáárdig
dat hoenders nie kan praat.
Dis baie eienáárdig.
Ek wens soms ek weet raad,
want as ek iets aan hul wil sê
(van kekkel of van eiers lê)
dan staan hul maar daar teen die draad
en ek kan praat en praat en praat . . .
Dis regtig eienáárdig.

MAVIS DE VILLIERS

Bobbejaan

'Bobbejaan, Bobbejaan,
waar kom jy vandaan?'
'Bo uit die berge
onder die maan.'

'Bobbejaan, Bobbejaan,
wat maak julle daar?'
'Ons grawe na uintjies
en stoei met mekaar!'

TIENIE HOLLOWAY

Klein Griet van der Poel

Klein Griet van der Poel
sy sit op haar stoel
en eet lekker stroop en brood.
Toe sak 'n spinnekop
uit die tak bo haar kop,
en klein Griet skrik haar ampertjies dood!

W. VERSFELD. GEWYSIG

38

Griet en Pieter

Griet en Pieter met 'n watergieter
hulle klim die berg op 'n draf,
maar Pieter die gly, en Griet daarby,
hulle bollemakiesie weer af.

W. VERSFELD

Kwikkie verklik

My moeder het my geslag,
my vader het my geëet,
my suster Leentjie
het my beentjies
in melk gewas,
in 'n wit sydoek gebind
en onder die roosmaryn begrawe.

GEWYSIG

Wielie, wielie, walie

Wielie, wielie, walie,
die aap sit op die balie.
Tjoef, tjaf
val hy af;
tjoef, tjof
klim hy op!
Wielie, wielie, walie.

Jannetjie Pan

Jannetjie Pan,
pasteitjies en pap,
soen al die meisietjies
net vir die grap.
Oppas, ou Jan,
die seuntjies kom aan,
en Jan hardloop weg
dat die stof so staan.

RIKA NEL

Karalie! Karool!

Karalie! Karool!
Die kat speel viool,
die koei spring dwarsoor die maan,
en die hondjie lag
met alle mag
en die skottel en lepel dans saam.

W. VERSFELD. GEWYSIG

Apie

Daar's 'n apie op 'n stokkie
voor my ma se agterdeur,
daar's 'n gaatjie in sy broekie
en sy stertjie hang daardeur.

Oompie Doompie

Oompie Doompie sit op 'n wal;
Oompie Doompie het hard geval.
Gee hom koljander,
of gee hom kaneel;
maar Oompie Doompie word nooit weer heel.

W. VERSFELD. GEWYSIG

Toeteretoet!

My vader is verkoue,
en toeteretoet
sê sy neus in sy doek!
Toeteretoet kom van
onder uit die voue
van sy doek,
van daar waar my
vader se gesig moet wees.
Toeteretoet
sê sy neus!

A. FOUCHÉ

Toet-toet!

Toet-toet, toet-toet, pas op daar voor,
hy vlieg nou om die draai.
As Poekie eers die wiel vas het,
hoor jul 'n groot lawaai!

Sy pappa skree: 'Keer voor vir Poek!'
En Mamma skree: 'Pas op!'
En Poekie skater soos hy lag:
'Ek het jul tog gefop.'

'Ek ry nie regtig motor nie;
jul skrik vir kou pampoen.
Ek jaag nie regtig vinnig nie –
ek wens ek kon dit doen!'

MAVIS DE VILLIERS

Die skilpad

Skilpad, skilpad, kom uit jou dop,
roer vir jou, roer vir jou, steek uit jou kop,
hier is jou water, daar is jou gras,
kom, ou maat, kom kruip uit jou kas!

A. B.

Eendjielied

Eendjies, liewe eendjies,
wat kraak daar in die strooi?
Dit is die nuwe eendjie,
hy is tog so mooi.

Die skoenmaker het vir hom
skoentjies gemaak,
en dit is nou die rede
dat hulle so kraak.

Die skêr

My naam is Snipper Snip.
Lekker kan ek knip-
tou, papier en lap
gee ek 'n kwaaie hap.

Sonder om te skeur,
knip ek middeldeur.
Lekker kan ek knip –
my naam is Snipper Snip!

HELENA J. F. LOCHNER

Raai-raai

Raai-raai, raai-raai
wie se rokkie kan die wydste swaai
as ons tiekiedraai-draai
wie se rokkie kan die wydste swaai.

F. DU PLESSIS

Die stoute bok

Die wind die waai,
die haan die kraai,
die bok staan op sy tone,
hy steel die boer se bone.
Die boer kom met 'n kweperlat
en slaan hom op sy linkerblad.

Wielie en Walie

Pompie, pompie, rondomtalie,
pomp die water in die balie.

Vat voor, Wielie, vat voor, Walie,
nou is ons twéé stuks op die balie.

Hokaai, Wielie, hanou, Walie!
Kom help ons gou-gou met die balie.

Óm kom, Wielie, óm kom, Walie,
ligvoet, ligvoet sonder balie.

W. O. KÜHNE

Eseltjie ry

Kapoete, kapoete, kapat,
die eseltjie ry na die stad.
Hy pluk aan sy toompie
en sukkel met oompie
en trek sy twee lang ore plat.

Kapoete, kapoete, kapout,
maar kyk so 'n esel is stout!
Toe, roer jou, Jandooi,
loop vinnig, loop mooi,
en klaps! kom 'n raps op die boud!

Kapoete, kapoete, kapat,
maar nou laat so 'n eseltjie spat.
Dit spring en dit skop,
en dit wip agterop,
en oompie lê plat in die pad!

SAAR ENGELA

Die verkluimde hondjie

Buite in die biesies
daar lê 'n hondjie dood.
Sy stertjie is verkluim,
sy beentjies kaal en bloot.
Aap die slagter kom hom haal
maar kla hy is te skraal.
Toe kom Truitjie Lollepot
maar sê die diertjie lê kapot.
Toe kom Jan die timmerman
en las sy stertjie netjies aan.
Toe loop die hondjie hene
met sy stertjie tussen die bene.

Klein Koos Konyntjie

Klein Koos Konyntjie,
in Boer se boontjies.
Klein Koos Konyntjie
stap op sy toontjies.

Hier kom Karolus,
Karolus Konstabel.
Klein Koos Konyntjie,
voel alte miserabel.

Kwaai kyk Karolus,
mik met die roer.
Klein Koos Konyntjie,
koes – moenie sloer!

'Klap!' klink die groot skoot,
'klap, klap, klap!' –
Klein Koos Konyntjie
trap, trap, trap!

ELSA DU TOIT

42

Toktokkie

Hy soek na sy vrou,
en hy soek na sy kind;
sy moed is op,
en sy asem is wind.

Hy tok-tok!
Hy tok-tok!
Tok-tok!
Tok-tok!

Hy klop met sy lyf,
en hy hoor met sy oor.
Wie het sy vrou
en sy kind vermoor?

Hy tok-tok!
Hy tok-tok!
Tok-tok!
Tok-tok!

Sy water is brak,
en sy kos is min,
en hy trek sy nek
by sy skouers in.

Hy tok-tok!
Hy tok-tok!
Tok-tok!
Tok-tok!

PIETER W. GROBBELAAR

Avonture van dennebol

Dien en Daan se dennebol
het om en om en om gerol,
toe weer skielik rondgetol,
skoor gesoek en só gelol
met 'n stom ou blindemol . . .
Ai, die stoute dennebol!

ELIZABETH VAN DER MERWE

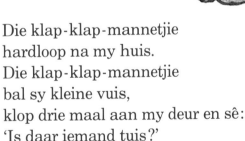

Die klap-klap-mannetjie

Die klap-klap-mannetjie
hardloop na my huis.
Die klap-klap-mannetjie
bal sy kleine vuis,
klop drie maal aan my deur en sê:
'Is daar iemand tuis?'

Die klap-klap-mannetjie
kom binne-in my huis,
haal sy langpunthoedjie af,
en saggies soos 'n muis,
hang hy dit aan die kapstok
en maak hom sommer tuis.

ELIZABETH VAN DER MERWE

Aksierympies

Kietsie
Hardloop op die toontjies
Twee katjies in 'n bondeltjie,
'n witte en 'n bontetjie,
hul lek-lek al die melkies op,
was die pootjies, was hul kop.

Raai
Stap
Wie pik en pik en klop en klop?
'n Kuikentjie kom uit die dop;
ou hen kloek-kloek, ou haan kôk-kôk,
eet ál die mielies in die hok.

Soldate
Marsjeer
Met my voetjies stap, stap, stap;
met my handjies klap, klap, klap;
op die een been hop, hop, hop;
op die skouer klop, klop, klop!

Lekker speel
Galop
Groen lusern, blou-blou walletjies.
'Moo,' sê koeitjie, loer uit haar stalletjie.
Spring drie sussies, rokkies met valletjies.
'Kom,' sê Pappa, 'keer aan die kallertjies.'

Perdjie ry
Huppel
Draf-draf perdjie hopla-ho!
Ek ry op jou ruggie so;
bokspring jy, dan val ek af,
staan tog stil, dan bly ek bo!

Pas op!

'Stop!' sê die rooi lig,
die groen sê: 'Ry!'
Klim in jou motor,
kom kuier by my!

RIKA NEL

44

Die reën

Tip toeps! Tip toeps!
Hoor daar begin dit drup.
Tip toeps! Tip toeps!
Kyk hoe spat dit op die klip.

Tip tip toeps! Tip tip toeps!
Al vinniger begin dit val.
Tip tip toeps! Tip tip toeps!
Netnou blink dit langs die wal.

Tippe tippe toeps! Tippe tippe toeps!
A, nou begin 'n stroompie loop.
Tippe tippe toeps! Tippe tippe toeps!
Die wolkies draai hul kraantjies oop.

Tip tippe tippe toeps! Tip tippe tippe toeps!
Dit raas op die dak en dans teen die ruit.
Tip tippe tippe toeps! Tip tippe tippe toeps!
Ek trek solank my skoentjies uit.

BESSIE KOTZÉ

Jan se hoed

Die wind ruk sy hoed af. Jan hol agterna
waar sy hoed in die storm ronddwarrel en spin.
Jan moet sy hoed hê, dit sê hy aan Ma;
sy hoed moet hy hê, want sy kop is daarin!

A. FOUCHÉ

Oefeninge

As my spiere werk,
word ek fris en sterk:

Hande in die lug,
buig agtertoe en terug.

Vingers op die kop,
dan op 'n kol galop.

Elmboë na die kant,
hou oop die groot koerant.

Klap die arms uitgestrek
nes 'n voël se vlerk.

Vuisies in die sy,
kom tiekiedraai met my.

Swaai bene heen en weer,
dan sewe tree marsjeer.

Palms op die knie,
hop-hop soos Paddatjie.

Rek oor na elke voet.
Kant en klaar. Ek skoert!

MARIÉ VAN REENEN

Pa en Kindjie speel

Ons speel ek is 'n mandjie-vol.
Jy draai my rondom dat ek tol
en swaai my dat die vrugte rol.

Ons speel ek is 'n kruiwa bont,
dan laai jy my vol sand en grond
en stoot my oor die grasperk rond.

Ons speel ek is 'n glaskaraf.
Jy gooi my halfvol kielielaf
en skud my vinnig op en af.

Nou is ek weer 'n motorband.
Jy vat my stewig in jou hand
en rol my oor die warm sand.

Ons speel ek is 'n rubberbal.
Jy gooi my op met kleur en al
en vang my voordat ek kan val.

En nou is ek 'n bondel klei.
Jy moet my dwarsdeur deeglik brei
en dan maak jy iets moois van my.

Ons speel ek is 'n tentedop.
Jy dra my saam na Skurwekop
en slaan my in die ruigte op.

Ek is 'n boom met vrugte volop.
As jy my takke skud en skop,
dan val die vrugte op jou kop.

Ek is 'n bondel droë vlas.
Jy vat my in jou arms vas
en strooi my orals oor die gras.

Dáár trek ek soos die wind verby.
As jy nog dink jy gryp na my,
dan het ek reeds al uitgegly.

Ek is 'n waatlemoen se dop.
Jy dra my skywe op jou kop
en eet my stuk vir stukkie op.

NIC J. STRYDOM

Die kindjie en die windjie

'Mammie, Mammie,' sê die kindjie,
'hier's 'n windjie, sê vir my:
waarvandaan en waarheen waai hy?'
'Kindjie, vra hom self,' sê sy.

'Windjie, windjie,' sê die kindjie,
'o my vrindjie, sê vir my:
waarom kan ek jou nie sien nie,
en tog weet ek dit is jy?

'Waarvandaan, waarmee en waarheen
kom jy deur die lug gegly?
Wag nou, windjie; staan tog, vrindjie –
waarom hardloop jy verby?'

En die windjie fluister: 'Kindjie,
goed, dan wag ek en ek bly.'
En die kindjie staan en luister . . .
maar die windjie – weg was hy!

C. J. LANGENHOVEN

46

Die wilde wolman

Hy het 'n wollerige jas
en 'n wollerige hoed,
en 'n wollerige hand
en 'n wollerige voet.

'Hou vas, Haakbos!
Hou vas sy jas!'

'Help my! Help my!
Ek torring los!
H-e-l-p! H-e-l-p!
Laat los, Haakbos!'

'Daar gaan my jas!
Daar gaan my hoed!
Daar gaan my hand!
Daar gaan my voet!'

W. O. KÜHNE

Die wind
(KAAPSE MOPPIE)

Die wind, die wind, die wind
wat die bome laat waai,
die wind, die wind, die wind
wat die takke laat swaai,
die wind die waai so kwaai,
hy waai my om die draai.
Hier kom tan' Sannie,
sy wil loop, maar sy kan nie.
Hier kom oom Giepie,
verlep soos 'n appelliefie.
Hy sê: 'Ou vriend, maar ai,
hierdie Kaapse wind is kwaai,
hy laat my hoed so rol
dat ek drie myl moet hol;
hy ruk en pluk my,
hy draai en swaai my,
o die wind, die wind, die wind,
dis die Kaapse wind wat waai.'

I. D. DU PLESSIS

Benjamin Besem

Hier woerts, daar woerts, woerts in die hoekie;
woerts in die spens, en steel 'n koekie.
Uit by die agterdeur, dwarsoor die draad,
en Benjamin Besem is af met die straat!
Hy's moeg vir die nooi, hy's moeg vir die huis.
Dis vee, vee, vee, van vroeg tot laat.
Nou's Benjamin Besem af in die straat!

Hy fluit en hy sing, hy huppel en spring,
hy gaan te kere soos wat se mal ding.
Die bediende kan pruttel, die nooi kan maar praat,
maar Benjamin Besem is weg, weg in die straat!

M. HORN

Die straatveër in die herfs

Ek vee en vee die hele dag,
die blare val so by die vrag.
Hoe hard ek ook al wil probeer,
die werk word net maar meer en meer.

Hoe hou ek nou die strate mooi?
Die wind hou aan met blare strooi!
Dis dié dat ek van winter hou.
Al krimp ek ook ineen van kou!

Hier val dit weer – dis nou te erg!
Dis net die wind wat my so terg:
want vee ek hier, dan mors hy daar,
en so kry ek so nooit nie, nooit nie klaar!

ANNA DU RAAN

48

3.
Oupa Uil sê: Hoe? Hoe!
Maak die ogies toe, toe!

Klaasvakie kom

Klaasvakie kom, Klaasvakie kom,
hy kom by die skoorsteen in.
Hy kom na kindjie se ogies
terwyl hy saggies sing:
'Gaap, my kindjie, gapies,
slaap, my kindjie, slapies.'
Haar ogies val al toe, ag foei!
Sy sal die melkies drink
van die klein bont koei.
Die koeitjie klein en bont
se melkies is gesond
en loop in kindjie se mond.

Ou Uil

Ou Uil slaap langs die spruitjie
in die wilgerboom.
Die middagtrein se fluitjie
blaas gate in sy droom.

F. DU PLESSIS

Die kraan huil

En hoekom huil die kraan,
wie het vir kraan geslaan?
Loop en vra vir oupa Uil
hoekom hierdie kraan so huil.
Uil sê: Hoe-hoe, hie-hie, hiepie!
Kraantjie huil nie, kraantjie piepie!

F. DU PLESSIS

Die uil

Ou Uil woon in die denneboom,
hy kreun: 'To-doo, to-doo.'
Die kindertjies die ken hom goed,
hul roep hom: 'Wa-wa-hoo!'

Saans gooi hy vir hul pitjies af,
dan sê hy: 'Too-doo-doo.'
'O! dankie,' sê die kindertjies,
'wahoo, wahoo, wahoo!'

Maar eendag kry hul hom morsdood
onder die boom – too-doo!
'n Stoute man het hom geskiet.
Ag foei tog – 'Wa-wa-hoo!'

HENRIETTE PIENAAR

50

Oupa Uil

'Hóé-hoe, hóé-hoe,
maak ogies nou toe;
hóé-hoe, hóé-hoe,
die kinders doe-doe!'

As ou oupa Uil
in die bome saans huil,
begin kinders gaap
en gaan gou-gou slaap.
Want Oupa is wys,
hulle sê hy's al grys;
en kindertjies luister
as hy daar so fluister:

'Hóé-hoe, hóé-hoe,
maak ogies nou toe;
hóé-hoe, hóé-hoe,
die kindertjies doe-doe.'

ELSA DU TOIT

Twee maats

Die maan loer oor die toring –
die toring van die kerk,
hy soek vir Uil, sy beste maat,
totdat hy hom bemerk.

'Goeienaand, ou maat, hoe gaan dit?'
'Ag, ek is baie siek!
Dit lyk of ek die kanker het
of anders die koliek!'

'Ag, kom nou, Uil, laat staan tog maar
jou kermery en sugte!
Jy weet jy's siek van al die steel
van Dominee se vrugte!

'Jy weet koejawels is maar sleg
vir afgeleefde mense.
Nou't jy die waarheid goed gehoor.
Goeiendag! My beste wense!'

HENRIETTE PIENAAR

Straatliggies

Kyk hoe skyn die liggies
alkant van die straat;
nou moet ek na bed toe,
want dit is al laat!

Nag, mooi ou liggies,
wys die mense reg;
want die nag is donker,
en die maan is weg.

A. B.

51

Slaapdeuntjie

Slaap, Kindjie, slaap,
Papa gaan na die Kaap,
Papa het gaan koekies koop,
en môre maak jy jou ogies oop,
dan sit jy in die hoekie
en kry 'n klein soetkoekie;
jy vat dit met jou handjie
en byt dit met jou tandjie,
slaap, Kindjie, slaap.

Die vuurvliegie

Vuurvliegie, Vuurvliegie,
lanterntjie van ons land,
liggies vlie jy orals rond,
hoe bly jy aan die brand?

Vuurhoutjies, ja vuurhoutjies,
dra jy in jou sak.
Sit jy dan saans ook
jou lampie op die rak?

HELENA J. F. LOCHNER

Doe-doe, Voëltjie

Doe-doe, Voëltjie, bo in jou nes,
die wind buig hom oos, die wind buig hom wes.
En as die tak breek, sal die nessie val:
Boemps! die voëltjie, nessie en al.

VERWERK

Slaap, Kindjie, slaap

Slaap, Kindjie, slaap,
daar buite loop 'n skaap,
'n skaap met witte voetjies,
hy drink sy melk so soetjies,
skapie met sy witte wol,
Kindjie drink sy magie vol.
Slaap, Kindjie, slaap.

Doe-doe

Doe-doe, my seuntjie,
hoor hoe val die reëntjie,
buite waai die windjie,
doe-doe, my kindjie.
Doe-doe, my seuntjie,
hoor die wind se deuntjie,
buite is dit koud en nat,
doe-doe, my kleine skat.

ELSA DU TOIT

Wonderlik

Dit is vir my so wonderlik
hoe, uit die stille nag,
die sterretjies gebore word
sommerso uit die dag.

Dit is vir my so wonderlik
hoe oupa Maan so sag
dwarsdeur die hemel bo kan seil,
so lag-lag deur die nag.

Ek dink daar's bokant kindertjies
wat sterre aan kan steek –
Piet, en Kerneels en Kobatjie,
en Sannatjie van Beek.

J. R. L. VAN BRUGGEN

Slaapversie

Doedel, diedel, dollie,
mooiste, soetste kind,
buite blêr die skapies
en waai die suidewind.

Doedel, diedel, dollie,
kleinste, klein kalant,
buite kom die koeie
kraal toe oor die rant.

Doedel, diedel, dollie,
soetste kleine pop,
deur die donker venster
hou die maan jou dop.

ALBA BOUWER

Doe-doe, Kindjie

Doe-doe, Kindjie.
Hoe is jy dan so stout!
Is jou magie seertjies,
of is jou voetjies koud?
Ons sal 'n vuurtjie stook, stook,
en 'n pappie kook, kook.
Wiegie maak so swik-swak
vir ons kleine diksak.

Soesa, my lam

Soesa, my lam! Soesa, my lam!
Soesa, my lam! Waarom is jy bang?
Soesa, my lam! Soesa, my lam!
Is jy dan bang
dat Dollewera se honde
jou sal vang?

Wiegeliedjie

Slaap, my kindjie, slaap sag,
onder rose vannag.
Eers die armpies om my nek
en dan warmpies toegedek.
Môre vroeg, as God wil,
word my kindjie gewek.
Môre vroeg, as God wil,
word my kindjie gewek.

Slaap, my kindjie, slaap sag,
onder eng'le se wag;
hulle toon jou in 'n droom
kindjie Jesus se boom.
Slaap nou soet,
hulle wys jou 'n paradys.
Slaap nou soet,
hulle wys jou 'n paradys.

JAN. F. E. CELLIERS. VERWERK

Slampamperliedjie

Eia poppeia
kook kindjie se pap.
Het jy geen melk
dan melk ons die kat.
Het jy geen kat
dan melk ons die muis,
daar is tog altyd
nog melk in die huis.
Melkies is soeter as vye,
slaap nou kindjie en swye.

GEWYSIG DEUR M. O.

Slaapliedjie

Piempiempie piempiempie,
slaap allenig in die veld
tussen sysies en agreitjies
doer ver in die veld.

Piempiempie my ou rooibeentjies,
sku in die veld
purper-uiltjies, bokma-ellie
troos kalkoentjies in die veld.

Piempiempie bobbejaantjie,
balsemienie eet froetangs,
doer by job-se-kraaltjies
staan 'n weeskind in die veld.

Kommetjie-teewater piempiempie,
vir oupa-pypie-in-die-mond,
digby moederkappies
bloei jou handjies oor die grond.

Piempiempie makkapietjie,
slaap soet in die veld
tussen sysies en agreitjies
doer ver in die veld . . .

ANTJIE KROG

'n Wiegliedjie

Lamtietie, damtietie, doedoe my liefstetjie,
moederhartrowertjie, dierbaarste diefstetjie!
Luister hoe fluister die wind deur die boompietjie,
heen en weer wieg hy hom al oor die stroompietjie.
   'Doedoedoe bladertjies,
   slapenstyd nadertjies;
   doedoedoe blommetjies,
   nag is aan 't kommetjies.'
So sing die windjie vir blaartjies en blommetjies.

Bo in die bloue lug flikker die sterretjies –
hemelse brandwaggies, lampies van verretjies,
wakend oor windjies en wolkies en stroompietjies,
wakend oor mensies en diertjies en boompietjies.
   'Wees maar gerustetjies,
   slaap maar met lustetjies!'
   So sing die sterretjies –
   stilletjies, verretjies:
Vuurvliegies, lugliggies, ewige sterretjies!

Onskuldige ogies en voetjies en handetjies!
Wie weet hoe ver moet my kleintjie nog ganetjies,
ver deur die wêreld se kronkels en gangetjies!
Bly tog maar kleintjies en bly dit maar langetjies.
   Bly maar by moedertjie,
   kindlief se hoedertjie –
   slaap in haar arrempies,
   saggies en warrempies –
Doekies, dan, doekies in moeder se arrempies!

C. J. LANGENHOVEN

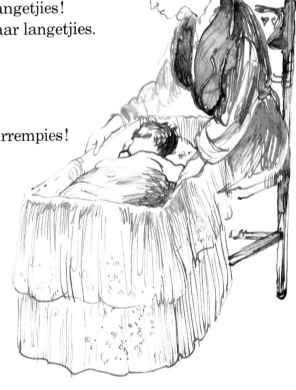

Kerslied

(NA DIE MIDDELNEDERLANDS)

Helder sing die hemelkore.
'n Kind is in 'n stal gebore.
Maria se hart loop oor van vreug.
'My siel sal hom in U verheug.'
Soesa ninna, soesa noe,
Jesus liefde lag haar toe.

Sy sit die Kindjie op haar skoot
en soen sy kleine voetjies bloot.
Soesa ninna, soesa noe,
Jesus liefde lag haar toe.

Sy sit die Kindjie op haar knie.
'Groot eer geskied, my kind, aan wie?'
Soesa ninna, soesa noe,
Jesus liefde lag haar toe.

Sy sit die Kindjie op haar arm
en vryf sy handjies saggies warm.
Soesa ninna, soesa noe,
Jesus liefde lag haar toe.

Die os en esel, oud en blind,
aanbid die soete Christuskind.
Maria se hart loop oor van vreug.
'My siel sal hom in U verheug.'
Soesa ninna, soesa noe,
Jesus liefde lag haar toe.

ELIZABETH VAN DER MERWE

'n Os en 'n eseltjie

(NA DIE MIDDELNEDERLANDS)

Toe Jesus in sy krippie lê
die eerste Kersfeesnag,
het 'n os en ook 'n eseltjie
met Josef saam gewag.

Toe Jesus in sy krippie lê
van engeltjies omring,
het 'n os en ook 'n eseltjie
hul liefde na Hom gebring.

Toe Jesus in sy krippie lê,
die Heer van mens en dier,
het 'n os en ook 'n eseltjie
met engele fees gevier.

Kom laat ons saam na Betlehem gaan
en langs sy krippie sit
waar 'n os en ook 'n eseltjie
die Christuskind aanbid.

ELIZABETH VAN DER MERWE

Ek is 'n kindjie

Ek is 'n kindjie
klein en teer,
maak my hartjie
rein, o Heer,
dat niemand
daarin woon nie
as U alleen, o Heer.
Amen.

56

Klaasvakie

Ek sal nou maar so saggies aan
na bed toe gaan –
my ogies is al baie vaak,
ek dwing ál om hul toe te maak –
ek sal maar bed toe gaan.

Ek sal nou maar my moeder kus,
en dan gaan rus –
my ogies is al baie moeg,
hul val vanself al sommer toe –
ek sal maar nou gaan rus.

Ek sal nou maar my ogies sluit,
die lig is uit,
en haar gesig, die sien ek tog,
aan haar dink ek gedurig nog –
al is my liggie uit.

A. D. KEET

My engeltjies

Saans as ek bed toe gaan,
kom sestien engeltjies staan:
   twee aan my koppenent,
   twee aan my voetenent,
   twee aan my regtersy,
   twee aan my linkersy,
   twee wat my dek,
   twee wat my wek,
   twee wat my leer
   die weg van die Heer,
   en twee wat my wys
   na die hemelse paradys.

Gebed van 'n baie klein babetjie
(NA DIE IERS)

Teen mense wat met stewels stap,
teen deure wat aanhoudend klap,
teen winde, krampe en nog meer,
beskerm my asseblief, o Heer!

ELIZABETH VAN DER MERWE

Gebed van Agur
SPREUKE 30: VS. 8

Die Agur van die oue tyd,
hy was 'n dapper man,
eens bid hy so 'n mooi gebed,
die Bybel spreek daarvan.

Wat bid die Agur dan tog om?
Miskien om skat op skat?
Nee, aardse rykdom soek hy nie,
die dapper man soebat:

'Gee my nie armoed of gebrek,
maar ook geen rykdom, Heer!
Ek vra alleen my daagliks brood,
ek wens en bid niks meer.'

Wat dink jul van die dapper man?
O kinders, bid soos hy,
dan bid my kinders seker reg,
soos Agur, lank verby.

JAN WAT VERSIES MAAK. GEWYSIG

Maak my

Langs my bedjie kniel ek.
Al wat ek wil sê:
'Maak my, liewe Jesus,
soos U my wil hê.'

NIC J. STRYDOM

Bang!

Allenig moet ek bed toe gaan,
dis donker in die gang,
ek sal niemand vra om saam te loop,
hul sê reeds ek is bang.

Daar sit hy in die hoekie weer,
sy arms sal my gryp,
en 'Mammie! Mammie!' skree ek hard,
'die donker wil my knyp!'

En toe vat Ma my handjie vas
en lei my deur die gang.
Die skelm was my eie jas
wat aan die kapstok hang.

JEANNE VAN BELKUM

Slaaptyd

Die blomme knik hul koppies
en wens mekaar goei'nag,
en Gousblom knyp haar ogies styf
ná die lang en warm dag.

Leeubekkie rek hom lank-lank uit,
met 'n grote wye gaap;
Papawer hang haar koppie –
sy is eerste aan die slaap!

TIENIE HOLLOWAY

Gebedjie

Dankie vir die lekker dag,
dat ons kon speel en lag,
dankie vir die sonneskyn,
die diertjies groot en klein,
dankie vir ons kos, o Heer,
en alles lief en mooi en teer.

ELSA DU TOIT

Vaaksak

Fiedel, diedel, vaaksak, my seun Daan
kruip in die kooi met sy broekie aan,
sy een skoen uit, sy ander skoen aan,
fiedel, diedel, vaaksak, my seun Daan.

VERWERK

58

Begeertes

Ek wens ek was 'n groot seun al
om langbroek te kan dra –
dan kan ek op my knieë val
en nie eens huil of kla.

Dan wil ek ook 'n paadjie kam
en boeke skool toe dra –
dan swem ek saam in onse dam
en noem my Mammie – 'Ma!'

Maar nou is ek nog veels te klein,
en moet al bed toe gaan –
'Jesus hou my hartjie rein
en wys my die Hemel aan!'

B. TRAAS

Die flits

Oupa gee my 'n flitsie,
hy's rooi en baie klein,
en as jy op sy knoppie druk,
laat hy 'n gróót lig skyn.

Ek blits in Kat se oë
en ek lig in elke hoek,
ek dwarrel oor die vloere
om die wegspring-vlooi te soek.

Maar lekkerste van alles is
saans in die donker bed:
dan sien ek onder die kombers
dat ek tien tone het.

ALBA BOUWER

Vir die rooi van die roos

Vir die rooi van die roos,
vir die blou van die see,
vir die geel appelkoos,
wat die somer ons gee;
vir die lied van die reën,
vir die gloed van die son,
vir die liefde wat seën,
dank ons U, Lewensbron!

I. D. DU PLESSIS

Verset

Ek *wil* nie in die middag slaap
in hierdie hokkiesbed,
want buite roep die son en sand
en ek mis al die pret.

Ek *wil* nie in die middag slaap . . .
my treintjie wag vir my
en al my ander speelgoed staan
en wonder waar ek bly.

En hoekom moet 'n seuntjie nou
verveeld hier lê en gaap?
Weet Mamma dan nie beter nie?
Ek . . . wil . . . nie . . . slaap . . . slaa . . .

ELIZABETH VAN DER MERWE

Slaap

Ek lê in my bedjie
en tel tot tien
en kyk of ek dalk
Klaasvakie kan sien.

Dis snoesig en warm –
ek gaap en gaap
maar sukkel om darem
nie nou al te slaap.

My ogies val toe!
Nou dis tog nie mooi,
Klaasvakie het sand
in my ogies gestrooi!

RIKA NEL

Vroeg gaan slaap

My mamma sê ek is so stout,
ek wil nie saans gaan slaap nie.
Maar dis nog buite heerlik lig –
en ek is glad nie vaak nie.

Ek hoor hoe speel die kindertjies,
en Kienie hardloop rond
en ek moet in my bedjie lê
en slaap – al speel my hond!

Ek hoor hoe praat my ma en pa:
daar's iemand by die hek!
My ogies val so stadig toe,
en voor ek weet . . . slaap ek!

MAVIS DE VILLIERS

Buite in die sterrelig

Snags op my kateltjie sien ek
blink sterre deur die ruit;
hul skitter so helder en vriendelik –
dit lyk of hul wink: 'Kom uit!'

'Kom uit as jy kan, klein kêrel,
en speel in ons sterreglans.'
Maar Mammie, sy sê ons moet soet slaap
en nie in die koue gaan dans.

Ek weet die klein kriekies kuier
as die sterre so saggies skyn;
hul speel hul ramkies die nag deur
en dans tot die nag verdwyn.

En ek glo daar is meer as kriekies
wat jakker ons tuingras oor –
klein skepseltjies, met wit baardjies,
wat niemand kan sien of hoor.

Ek het al probeer om so soetjies
deur die blindings te loer,
vroeg-vroeg in die môre-skemer,
om te kyk waar die kleingoed boer.

Maar nooit het ek een gewaar nie.
En suster Magriet, sy sê:
'Dis sommer verbeelding, boetie.
Kyk, hier het jy lekkers, dè.'

C. LOUIS LEIPOLDT

4.
Koe-ke-doedeldoe!
Bad, trek aan, eet en loop

Die haantjie

Haantjie klap sy vlerkies toe,
en sê: 'Koe-ke-doe-del-doe!
Dit is tyd om op te staan:
kinders, jul moet skool toe gaan.'

'Haantjie, waarom tog so vroeg?
Ag, ek is dan nog so moeg!
Haantjie, stil tog asseblief,
ek het tog my slaap so lief.'

'Kinders, nee, dit is al laat,
al die mense loop op straat,
een maal nog roep ek jul toe:
Koe-ke-doe-del-doe-del-doe!'

W. H. BOSHOFF

Dis opstaantyd

'Dis opstaantyd!' Die windjie waai;
dosyne wakker voëltjies fluit;
die hane sonder ophou kraai:
'Dis opstaantyd!'

My ore tuit
van die lawaai
en ek spring uit.

Want wie is daar wat dan kan draai
as windjies waai en voëltjies fluit
en honderdduisend hane kraai:
'Dis opstaantyd!'

A. FOUCHÉ

Op die plaas

'Koeke-le-koekoe, opstaantyd!'
kraai al die henne wyd en syd.
En nou begin die boere woel,
die tannies staan en ketel spoel.

'Nes soek, nes soek, nes soe . . .k,'
loop die henne en praat.
'Gou eers 'n wurm proe,'
sê die swart haan vir sy maat.

'Kwek-kwek-kwek, koele-koel.'
Hoor net die geraas!
'Boe-boe-boe, woef, mê-mê!'
So gaan dit soggens op 'n plaas.

BESSIE KOTZÉ

Klaas Leeglê se lied

Ek wens dat aldag Sondag was
en kermis in die week,
dat eet en drink my ambag was,
dan werk ek nooit 'n steek.

Slaapkous

Slaapkop, doedeldop,
staan voor nege-uur nie op.
   Lange slaper,
   beddegaper,
   grote pop,
staan voor nege-uur nie op!

GEWYSIG

Die voëltjies die fluit . . .

Die voëltjies die fluit
en die rooidag kom uit;
die voëltjies die fluit
en die rooidag kom uit.
En, Tannie, jy moet ja sê, ja sê, ja sê!
en, Tannie, jy moet ja sê,
want die oompie wil nou ry.

Mooi en lelik

As ek die oggend dikmond is,
sê Mamma: Ag nee, kyk,
nou het jy 'n ou paddalip
wat alte lelik lyk.

Maar as ek soet en lief is,
sê Mamma: Kyk tog nou:
jy het 'n roosknopmondjie,
gee my 'n soentjie, gou!

ALBA BOUWER

Blou Maandag

My mammie is laat,
en Pappie is kwaad,
ou Saar 't nie opgedaag;
die stoof is vuil,
en Babatjie huil,
hy het vreeslik pyn op sy maag!

Die reën die spat,
en die wêreld is nat!
Net lekker om kaalvoet te loop!
Ek sal my maar was,
dan vat ek my jas,
en maak net die voordeur oop.

Die tenk loop oor!
Dis water verloor!
En oe! dit spuit van die dak!
Ek sal gou-gou hardloop,
draai die kraan onder oop
dan sal dit vanself sommer sak!

Soe! ek is nat!
Maar dis niks nie, wat!
Ek sit net my voorskootjie voor;
ek is mos 'n man,
'n man met 'n plan.
Kyk, die tenk loop niks meer oor!

HILDA POSTMA

My baie name

My naam is Johannes en somtyds Johann,
of Hansie-my-diertjie as Ma iets verlang.
Hul noem my Johanna as ek begin skree,
en as ek wil kwaaddoen 'Johannes Naudé!'

Maar saans as dit skemer en Pappa vertel
van Wolf en van Jakkals en hoe Slang vervel,
dan noem hy my Jannetjie Janneman Jy . . .
En dit klink nog altyd die mooiste vir my.

ELIZABETH VAN DER MERWE

Klaas Leeglê se week

Sondag is daar kerk,
Maandag maak ek klaar
om Dinsdag nie te werk.
Woensdag is ek siek,
Donderdag werk ek nie,
Vrydag is dit Slamse kerk.
En wie de joos kan Saterdag werk?
en Sondag is dit weer kerk!

Torteljons

My mamma het so baie
troetelnaampies net vir my.
As ek siek is, is dit Kokkewiet
wat in die bed moet bly.
As ek stout is, is ek sommer
net ou Stoute Lielie-lou,
en soggens word ek wakker
met 'n 'Boesman, opstaan nou!'
En as die dag vol liefde lê
en Mamma druk my styf,
is ek haar al en enigste,
haar klein vaal Veerpatrys.
O, daar is baie name:
Morsie-Jorsie en Dansdons,
maar die lekkerste van almal
is haar Hortel-Tortel-Jons.

ESTA STEYN

Snaakse neus

Haai ou olifant, jou grote reus,
wêreld, maar jy het 'n snaakse neus
Waar ander neuse net kan ruik,
word joune vir 'n stort gebruik.
Sjoe, en dan moet almal koes,
want dan gaan dit sommer woes!

BEATRIX VIVIERS

Kinders bad

Wat gaan jy doen,
my koetsie-kat?

*Ek gaan net gou
my kinders bad.*

Pas tog op,
my koetsie-kat,
dis koud vandag
en die water is nat.

*Ek gee die drie
'n droë bad:
al met my tong
op die kamermat.*

ULRICH GERRYTS

Die towerdam

Ram tam tam
die diedel-dam-dam
die towerdam
    diedel-dam-water.

Het jy gesien
die diedel-dam-dam
    die tower-dam-dam
is vol wolke wat seil op die water?

Het jy geweet
die tower-dam-dam
het ook diedel-dam
    duisende swawels?

Gaan staan op die wal
van die diedel-dam-dam
en kyk in die towerdam-water.
En jy skrik jou lam,
    want die diedel-dam-dam
toor jou onderstebo in die water!

Ram tam tam
die diedel-dam-dam
die towerdam
    diedel-dam-water.

Kokkewiet, kokkewiet

Kokkewiet, kokkewiet,
jou vrou is siek,
al wat ek bied
is pure verniet.
Gee ek haar 'n potjie rys,
dan sê sy dit maak haar wys;
gee ek haar 'n potjie ertjiesop,
dan skep sy dit met haar vlerkies op;
gee ek haar 'n potjie boontjiesop,
dan skep sy dit met haar toontjies op.
Kokkewiet, kokkewiet,
jou vrou is siek.

ELSA DU TOIT

Corlie Borlie bad

Corlie Borlie aspatat
speel te lekker in haar bad,
maak van skuim 'n borrelbol,
'n druiwetros so korrelvol.

J. F. SPIES

Die luidier

Die luiaard is 'n snaakse dier:
op sy kop groei daar 'n wier,
hy kom nooit op die grond,
kruip net in die bome rond.

Die kleintjies hang aan Ma se hare,
vreet saam bessies en vars blare.
Aan haar arms onderstebo
bekyk sy die wêreld beter so.

TRIENKE LAURIE

As Boetie bad

As Boetie bad, is alles nat
wat in die kamer staan.
Die water spat 'n breë poel
tot teen die drumpel aan.

Die kat dra gou haar kleintjies weg,
en Sussie gryp haar pop.
Ou Wagter loer net een slag skuins
en soek die tuintjie op.

ANONIEM

Ták-li in die bad

Ek ták-li in die seepskuim,
ek ták-li met my hand,
ek tákke-li 'n groot kasteel
ek tákke-li deur die land.

En as ek eendag groot is,
gaan ek ták-li in die lug,
en dan ták-li ek maan toe
en aarde toe terug.

En die mense sal dan ták-li
met vlae uitgesprei,
en Gert en Griet en Oumatjie
sal ták-li net vir my.

ELSA DU TOIT

Die ongeluk

Arme Koekie Seep
het 'n ongeluk gekry.
Haar lyfie was te glad
en toe het sy gegly.

Binne-in die bad,
daar lê die arme ding.
Netnou begin sy smelt –
as sy tog net kon spring!

Ag tog, hoe naar!
Al kleiner, kyk!
Teen môre is sy niks!
Maar wag, wat hoor sy daar?
Klein Isak word gewiks.

'Gaan dadelik jou hande was,
en nooit weer aan jou vingers lek!'
Klein Isak gaan, en een, twee, drie,
is Koekie Seep weer op haar plek.

BESSIE KOTZÉ

Vir 'n dogtertjie

As ek saans vuil gespeel is,
sê Ouma: Meisiekind,
jy ruik nou net soos kakiebos
wat omlê in die wind.

Maar as ek klaar gebad het
en my haartjies is gekam,
sê sy: Sus, jy ruik na blommetjies,
kom sit by my, my lam.

ALBA BOUWER

Badtyd

Kieliepens, die bruinoog-beertjie,
neem gereeld sy oggendbad;
hy geniet dit, die meneertjie,
duik en swem 'n heen-en-weertjie,
plas die water nog 'n keertjie,
ag, hoe heerlik, heerlik nat!
Woeps! Daar val hy op sy rug!

Doef! Weer op sy maag terug!
En hy spuit en blaas die water,
en hy lag en jol en skater
en baljaar en gaan so aan
dat jou hoor en sien vergaan.

'Ag, ek wens van ganser harte
dat ek so vir my kon was,
sonder seep of skrop of afdroog,
in die sonlig rond te plas.
As ek hy was, ja,' sê Piet,
'sou ek ook my bad geniet!'

ELSA NIEMEYER

Vir 'n seuntjie

Klein seuntjies wat gespeel het
die heeldag aanmekaar,
dié ruik so teen die middag
na twak en kiesieblaar.

Na wilde-als en padda
en aangebrande pap,
harmansdrup en paregorie,
katjiepoetjie en janlap.

Maar as hul klaar gebad is,
blinkgewas en skoongeskrop,
dan ruik hul na groen-ertjies,
vars uit die peul gedop.

Na boegoe en koljander,
anys en suurlemoen,
dan is hulle te lekker
om op die plek te soen!

ALBA BOUWER

Ek wens

Ek wens tog ek het ook 'n hond
om in my skaduwee te draf,
en rond te snuffel op die grond,
en vir die kwaai ou vark te blaf.

Ek sal hom elke Maandag bad
en vir hom lekker kossies maak,
en voor my bed sit ek 'n mat
sodat hy snags oor my kan waak.

PIET SWANEPOEL

Grootboet

Oopdraai die kraan en water tap.
Nou vir sy seep, sy borsel en lap.

Seep-smeer, seep-smeer, was en skrop,
lekker mors in die wit seepsop.

Die deur se klokkie tring-tring-tring,
vinnig uit die bad uitspring.

Sy hand kom al die deurknop by.
Hy kan al self die deur oopkry.

Daar staan Dominee, wit boordjie en das,
en voor hom Boet met kaal, nat bas.

ULRICH GERRYTS

As Baba aantrek

Handjie-pandjie, waar is jy?
Handjie-pandjie, kom tog gou!
Handjie-pandjie, daar is jy!
Eindelik, eindelik deur die mou.

ELIZABETH VAN DER MERWE

Jasper

Kom laat ons nou eers sing
van Jaspertjie die hond.
Hy sien Magriet se skoentjies
en gryp hul in sy mond;
en had ons nie geroep nie:
    'Jas, Jas, laat staan!'
het hy met Griet se skoentjies
die voordeur uitgegaan.

VERWERK

Kaalvoetjies

Ek loop so graag met voetjies kaal,
kaalvoetjies in die sand;
ek speel so graag met water,
met water buitekant.

Maar Moeder roep my binne,
sy sê ek mors te veel;
ek wonder tog of iemand
ooit sonder mors kan speel!

A. B.

Ouma se skoene

Ek trek tog so graag in die oggend
my ouma se skoene aan,
dan sê sy: 'Goeiemôre, Mevrou;
en waar kom jy vandaan?

'Jy lyk regtig mooi vanmôre,
met die hoedjie so skeef op die kop,
die skoene so wit en so oulik –
en wáár kry jy die prágtige rok?'

'Ag, Ouma, dis glad nie 'n rok nie.
Dis sommer my kakiebroek!
En ek is nie meer *mevrou* nie,
maar sommer my ouma se Poek!'

MAVIS DE VILLIERS

Kootjie Tootjie

Kootjie Tootjie, duisendpootjie,
het pote, glad te veel!
Nou kan kleine Kootjie Tootjie
glad nie eens gaan rugby speel.

Want so met sy kaal ou pootjies
het hy ál die winkels deurgeloop
en nêrens kry die duisendpootjie
duisend rugbystewels om te koop!

BEATRIX VIVIERS

Stortreën

Druppel druppel drome,
reën stort neer in strome.
Spruite vol tot oor die wal,
emmers water wat daar val.
Die aarde gooi die waterplas
oor sy skouers soos 'n jas,
stap kaalvoet in die somerpad
dat die liewe water spat.

NIC J. STRYDOM

Boetie grootman

Met Vader se pyp
en Vader se hoed
en Vader se groot skoen
swaar aan die voet!
Wie is die draer?
Kom ons gaan loer –
onder die hoed
is ons kleinste broer!

TIENIE HOLLOWAY

Waarom?

My mammie draai my hare saans
in knoppies teen my kop
en smôrens kam sy almal uit,
dan lyk ek nes 'n pop.
Dan sê sy altyd baie trots,
dit is die moeite werd.
Maar waarom – kan jy my dit sê –
krul 'n vark se stert?

B. TRAAS

Die gaatjie in sy broekie

'Ag, Ma moet tog my broekie lap;
kyk hierdie grote skeur!
Netnou sien die mense dit
en almal loer daardeur!'

HELENA J. F. LOCHNER

Die grootman

Ek kan myself al aantrek,
dit moet 'n man kan doen.
Ek sukkel net nog soms
met die veters van my skoen.

MARINA LABUSCHAGNE

Die skoene maak die man

Soms trek ek Pa se skoene aan
en stap dan oor die werf
tot waar ou Jannewarie staan
en mieliestronke kerf.

Dan sê hy: 'Môre, President,'
en hou sy hande bak.
'Hoe lyk dit met 'n peperment
of dalk 'n bietjie twak?'

PIET SWANEPOEL

Die skeur

Dit was die boom se tak se skuld,
die grote winkelhaak.
Dit was die boom se tak se skuld,
maar ekke kry nou raas.
Dit was die boom se tak se skuld
en Mammie is nou kwaad.
Dit wás die boom se tak se skuld –
hoe moet 'n mens tog maak?

ELSA DU TOIT

Sebra

Sebra, Sebra, sê vir my
waar jy tog jou strepe kry!
Kyk, jou lyf van boud tot bek
is met strepe oorgetrek!

Sebra, sê tog as jy kan,
is jy dalk 'n rugbyman?
Of het jy 'n slaghuisvoorskoot aan?
Waar kom jou strepe tog vandaan?

BEATRIX VIVIERS

Tier se vel

Tiertjie se ma het verf gekoop
die dag toe sy vir hom laat doop.
Skoontjies word hy afgewas,
toe kry hy strepe met 'n kwas!

HELENA J. F. LOCHNER

Voerrympie

Hier kom die lepel aangestap,
maak jou mondjie oop
vir 'n lekker hap!

Hier kom Hasie wip-wip na sy hol,
eet die grassies
dat die wange bol.

Woerts! vlieg Vinkie na sy nessie:
in sy bek
'n soet rooi bessie!

Brrr! kom Lorrie om die draai
om sy vrag grond
af te laai.

Pos gou-gou hierdie briefie
aan jou ouma
van haar hartediefie.

Bakkie leeg en magie vol!
Soentjie, soentjie,
Ma se skattebol!

TRIENKE LAURIE

Klontjies

Hondjie, hondjie,
daardie klontjie
wat ek jou wou gee,
hondjie, pondjie,
daardie klontjie
lê nou stroopsoet in my mondjie.

TWINKLE HANEKOM

Touspring-rympie

Annatjie-pannetjie,
koffie in die kannetjie,
biltong in die blik.
Met botter en brood,
maar 'n sluk te groot
het Annatjie haar versluk.

Dis die hoog-spring nou, dis die boog-spring nou
dis die spring soos 'n ligte dons,
dis die ver-spring nou,
dis die skêr-spring nou,
dis die spring dat dit so gons.

Dis die toontjie-spring,
dis die boontjie-spring,
dis die spring in die lentetyd;
dis die end-spring nou,
dis die wen-spring nou,
dis die spring oor die moeilikheid.

Annatjie-pannetjie,
koffie in die kannetjie,
biltong in die blik.
Met botter en brood,
maar 'n sluk te groot,
het Annatjie haar versluk.

ULRICH GERRYTS

Die skoen

'Koen, maak heel my skoen.'
'Ja, Juffrou; dit sal ek doen.'

'Koen, maak jy hom sterk?'
'Ja, Juffrou; dit is my werk.'

'Koen, is my skoen al klaar?'
'Ja, Juffrou; betaal my maar.'

'Koen, ek het nie geld by my nie.'
'Juffrou, dan kan jy jou skoen nie kry nie.'

'Dag, Koen.'
'Dag, Juffrou-sonder-skoen!'

My hondjie

My ou hondjie
is so laf,
as ek hom roep,
begin hy blaf.

Ek kan verstaan
wat hy wil sê.
Dit is sy kos
wat hy wil hê!

HELENA J. F. LOCHNER

Kleinboet

Hy lig sy lepel
en gee 'n hap.
Af in sy keel
gly die mieliepap.

Dit skep en hap nou.
Dit roer en kap nou.
Maar kyk hoe spat
die melk en pap nou.

Ál erger en erger
gaan dit te kere.
Bemors is tafel,
gesig en klere.

ULRICH GERRYTS

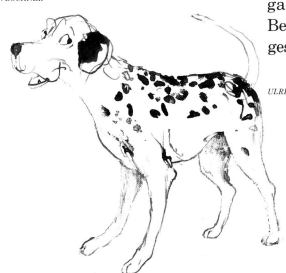

Wisseltand

In die nag
as hy sag
by my deur inkom
om iets te vat
dan hoor ek hom.
Ek maak of ek slaap,
want weet jy wat?
As jy roer of loer
dan draai hy om;
en dit is glad nie goed nie, want
dan kry jy niks vir 'n wisseltand.

F. DU PLESSIS

Tande-borsel-liedjie

Ek borsel my tande,
    tarips, taraps.
Ek borsel my tande,
    tarou.
Ek borsel my tande,
hierbo en hieronder,
    sodat hulle langer kan hou.

ELIZABETH VAN DER MERWE

Tandeborsel

Agtertande, voortande,
ondertande, bo-tande:
Al die tandjies borsel!
Maaltande, snytande,
babatande, bly-tande:
Mýne is die mooiste stel!

Kyk my lekker tandepasta;
dis mý borsel – daarmee basta!
Kyk hoe blink my tandjies nou.
Nuwe tande, ou tande,
lekker eet en kou-tande:
Altyd moet my tandjies hou!

E. M. SMIT

Wisseltandjie

Tandjie, tandjie,
hierdie handjie
gooi jou oor die muur!

Want die Here sal
met Muis se mandjie
my 'n nuwe tandjie
en in my skoen
'n klein kontantjie
stuur!

D. J. O.

Baba voed haarself

Pap vir die oortjies, pap vir die neus,
pap vir die vingertjie, gister gekneus,
pap vir die kuiltjie, pap vir die ken
('n klein bietjie pap sal tog niemand verwen),
pappies vir almal, selfs pap op die grond,
maar nie eens een krieseltjie pap in die mond!

ELIZABETH VAN DER MERWE

Fiemies

Marta is vol fiemies,
sy trek haar neus opsy:
Kool wil sy nie eet nie,
pampoen laat sy ook bly.
Haar rok is kastig lelik,
sy wil g'n voorskoot dra.
En as 'n mens net met haar speel,
gaan sy by Ouma kla!

TIENIE HOLLOWAY

Rooibeet-wange

Madel smeer haar wange rooi
met gekookte beet.
Wat, wonder ek, doen die kind
dan nou al weer verkeerd?

Mammie sal sê: 'My kind,
eet nou mooi jou beet,
want dit maak jou wange rooi
as jy rooibeet eet.'

'Nou sal Mammie kom en dink:
Madel eet haar beet,
want sy dink my wange is
rooi van rooibeet-eet.'

THEO WASSENAAR. GEWYSIG

Beet

Bloedrooi bete in 'n bak,
rye bottels op die rak.
Beet is goed en beet is soet
en beet is lekker, sê my boet.
Om bete uit die tuin te trek,
is soetkoek vir 'n lekkerbek!

RIKA NEL

Kiepie, Kiepie

Kiepie, Kiepie, kom tog gou,
hier is lekker kos vir jou.
Maar dan moet jy my eers sê
waar jy tog jou eiers lê.

Hannie Hen

In Hannie Hen se kampie
is daar 'n groot lawaai –
die vere en eierdoppe
lê die wêreld vol gesaai.

Hannie kekkel aanmekaar,
want almal moet dit weet:
Vaalkat het haar nes vol eiers
vir brekfis opgevreet.

R. K. BELCHER

Vissies

Vissies wat na kossies soek,
Pappie vang hul aan die hoek,
Mammie braai hul in die pan,
en Boetie eet daar heerlik van.

Die by

Hoor, daar kom die heuningby
suikerkoekies maak vir my –
koekies net en vet gemaak,
koekies wat so lekker smaak.

W. H. BOSHOFF

My konyntjie

Mak konyntjie,
liewe ding!
Mak konyntjie,
spring, spring, spring!
Ogies loer die wêreld rond,
neusie snuffel op die grond.
Kom!
Eet 'n wortel uit my hand . . .
Haai!
Dis my vinger, jou astrant!

BESSIE KOTZÉ

Die gansies

Klein ou gansies op die dam,
maak die paddavissies bang.
Oor die water rondomtalie,
vang vir Kiewie en vir Kalie.

Kyk daar kom die waterslang,
hy sal dalk die gansies vang.
Skud nou gou die veertjies reg,
woerts! is al die gansies weg.

JEANETTE PISTORIUS

76

Vinkies

Vinke vleg hul mandjie-nessies
mooi met rietblaar uit die vlei,
voer hul kleintjies saad en bessies,
wat hul in die graanland kry.

Heerlik swaai die baba-outjies
oor die stroompie in die sloot,
veilig teen fiskaal se kloutjies
word hul in hul wiegies groot.

J. F. SPIES

Karweier

Om na die winkel toe te gaan,
is sommer baie pret.
Ek neem my klein blou kar dan saam,
want dis al wat ons het
om swaar tamaties op te laai
of appels rooi van kleur.
'Betaal my asseblief, Mevrou,
ek lewer by die deur.'

MAVIS DE VILLIERS

Makou

Makou, my mammie wil nie hê
dat jy dit nou alreeds moet weet nie,
maar as jy in die skottel lê,
beloof ek jou, ek sal nie eet nie.

F. DU PLESSIS

Die jakkals en die gansie

Die jakkals nooi vir gansie:
'Kom eet vanaand by my.
Daar's heerlike ou kossies,
en uintjies uit die vlei!'

'Nee dankie,' sê die gansie.
'Al staan jy op jou kop;
as ek by jou kom kuier,
eet jy my seker op!'

HENRIETTE PIENAAR

Vuisie Muis

Wippie en Snippie
loer uit by 'n gaatjie;
Wip is 'n muisie
en Snip is sy maatjie.

Wippie en Snippie,
daar kom die Groot Kat!
Woerts! wip die twee muisies
weer terug in die gat!

SAAR ENGELA

In die spens

Klein Muisie, klein Muisie,
wat maak jy hier?
'Ek kom, Twee-beentjies,
om fees te vier.'

Klein Muisie, klein Muisie,
dis ónse koek.
Hoe durf jy dit wegdra
na jou skuilhoek?

'Twee-beentjies, Twee-beentjies,
ek weet dis waar,
maar drie, vier krummels
kan jy tog spaar.'

Klein Muisie, klein Muisie,
pas op, ons kat
loer daar in die donker
om jou te vat.

'Twee-beentjies, Twee-beentjies,
ek is nie bang,
die haasbek-Miesmies
sal my nie vang.

'My kleintjies bibber,
en vra om kos
en hierdie stuk sandkoek
is lekker bros.'

C. LOUIS LEIPOLDT

Kat en muis

'n Kat sê eendag vir 'n muis:
'Ek voel tog so alleen,
kom speel hier met my in die huis,
dan gee ek jou 'n been!'

'Nee dankie,' sê die slimme muis.
'Ek bly maar weg van jou –
by katte voel ek glad nie tuis,
hul wil my beentjies kou!'

HELENA J. F. LOCHNER

Amandels

Amandels het 'n harde dop,
  eendag tel ek self een op.
Ek sê vir Boet: 'Stamp dit vir my,
  dan kan jy ook 'n stukkie kry.'

Hy stamp dit netjies middeldeur
  en raai net wat het toe gebeur?
Hy gee vir my die leë dop
  en eet toe self die binneste op!

ANONIEM

Die kêrel wat die koei oppas

Die kêrel wat die koei oppas,
hy trap in die askoek vas;
die kêrel wat die koeie melk,
hy melk die balie vol.
Die balie loop al oor,
en die kêrel verdrink in die voor.
Dis my ma se Lelieblom,
wat bo uit die Vrystaat kom.

Pitte

Die perske het 'n groot, groot pit
en hard – so hard soos klip is dit!
Ek kan dit nie met my tande kraak –
dit kos 'n klip om dit stukkend te maak!

'n Vy se pitjies is weer piep-piepklein
en glad nie hard – net klein en fyn.
Ek steur my aan geen pit, want ek weet –
ek kan die vy met pit en al eet!

ANNA DU RAAN

Aan tafel

Oupa is lief vir ertappels
en Ouma hou van rys,
Mammie is lief vir groente
en Pappie hou van vleis,
Sus is lief vir beetslaai,
ek, ekke hou van sop,
en as ons aan tafel kom
dan eet ons alles op!

TIENIE HOLLOWAY

Boetie se sywurms

Boetie se wit sywurms
kan eet en eet en eet.
Vandag is dit moerbeiblare
en môre is dit beet.

Dan wil hul weer spinasie
of groen slaaiblare hê,
en as my boetie hom weer kom kry,
bly daar net stingels lê.

HESTER HEESE

Die groenteboer

'Flie-fla, flie-fla, siembamba!'
Kyk daar kom die groentewa!
Hoor hoe roep die groenteboer
as hy na jou beursie loer:

'Perskes, pere en lemoen,
tamaties, beet en boerpampoen.
Flie-fla, flie-fla, siembamba!'
Kyk daar trek die groentewa!

J. F. SPIES

Tant Katrina, tant Kato

Tant Katrina,
tant Kato,
skilpad onder,
bossie bo.

Netnou sal
die bossie rook,
as die taaie
skilpad kook!

A. FOUCHÉ

Mango

Koop vir my 'n mango, Pappie.
Ek eet hom sommer nou.
Sy vleis is s-s-sag, jy moet hom suig.
Ek suig hom pleks van kou.

Ek trek sy drade deur my tande.
'n Heerlikheid is dit.
En as ek klaar geëet het,
gaan plant ek nog die pit.

FREDA LINDE

Springmielies

Ons gooi die mielies in die pot
en sit die deksel op.
Ons draai die plaat op hoogste graad
en luister vir die eerste skop.

Hoor jy die mieliepitte spring
en teen die deksel klap?
Nes hael wat op die sinkdak val:
Klakke-latte! Klakke-lap!

Ons haal die deksel suutjies af ...
Dalk maak dit nog amok!
Dáár lê die pitte oopgebars,
spierwit, net soos kapok.

Ons strooi daar sout of suiker oor
en gooi dit uit die pot.
Dan gryp ons handevol daarvan
en eet dit met genot.

NIC J. STRYDOM

Jan Tat

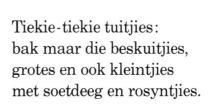

Jan Tat sit op die rantjie
met sy vaal hoed op sy kop;
hy't 'n mielie in 'n mandjie
en 'n potjie boontjiesop.

Daar's 'n skaapkop in sy bladsak
en die pootjies ook daarby;
hy't dit vanoggend douvoordag
in Boer se spens gekry.

R. K. BELCHER

Beskuit bak

Tiekie-tiekie tuitjies:
bak maar die beskuitjies,
grotes en ook kleintjies
met soetdeeg en rosyntjies.

PIETER W. GROBBELAAR

Tameletjie, Tameloo

Tameletjie, Tameloo,
wil jy my glo?
Die blikskottel dans oor die vloer.
Die keteltjie sing,
die dekseltjie spring,
en die lepeltjie slaan die tamboer!

TIENIE HOLLOWAY

Die eierklitser

Klitseklits! Die klitser klits
al die eiers in 'n kits.
Woerre-woerrrr! Hoor die lawaai
as die wieletjie so draai.

Woerre-woerrrr! En klitseklits!
Klits-klits, vinnig soos die blits!
Nou's die eiers deurmekaar,
netnou is die koekie gaar.

BEATRIX VIVIERS

Rympie

Skuifel-skuifel skommelaar,
drentel-drentel dommelaar.
Karringmelk en koringbrood,
maak die kleinste kleintjie groot.

CECILIA SAAYMAN

Drie klein varkies

Drie klein varkies
is op pad.
Hulle gaan kyk
hoe lyk die stad.

Drie klein varkies
in die kafee
bestel drie pasteie
en drie koppies tee.

Met 'n servetjie
op elke knie
eet hulle netjies
en mors niks nie.

Hul magies is vol
en hulle gaan terug,
oeg, oeg, oeg,
en ug, ug, ug.

ULRICH GERRYTS

Tertjies bak

Mientjie het 'n tert gebak
   vir haar en vir klein Mien.
Maar wie dit toe geëet het,
   dit sal jul gou-gou sien.

Want net daar onder in die hoek,
   daar staan die teddiebeer.
En hy het soveel tert geëet,
   sy magie was glad seer!

ELA SPENCE

Pannekoek bak

Allawiek! Allawak!
Ons gaan pannekoek bak
met suiker en melk en eiers,
met regtige eiers en regtige melk,
met 'n lepeltjie suiker en botter vir elk.
Allawiek! Allawak!
Ons gaan pannekoek bak!

Die deeg is al klaar,
die botter is daar,
die pan staan en sis op die vuur.
Die pannekoek praat,
ou maat, ou maat!
En Boet gaan die skottel al haal.
Die pannekoek groei tot 'n yslike berg
van pannekoek-pannekoek opmekaar
in die skottel se bek,
wat sommer wyd rek
om die pannekoek op te saal.
Aits, Mammie so 'n pannekoek ruik vir jou ver
Ons gaan eet, ons gaan eet
dat ons magies so rek,
en as die bord leeg is,
sal Mammie nog haal!
Allawiek, Allawak!
Ons gaan pannekoek bak!
Hoerê!

KLEINJAN

Pret in die kombuis

Die peperbus dans
met die potjie vol sout:
hoppie-hop, hoppie-hop, hoppie-hie!
Die teelepel skop
teen die kommetjie sop:
tienge-lieng tienge-lieng tienge-lie!

Die suikerpot dans
met die beker vol melk:
doempie-doem, doempie-doem, doempie!
Die eierspaan bons
op 'n kan dat dit gons:
range-roeng range-roeng range-rie!

Die lepels spring ver
en die messe spring hoog,
die vurke dans saam
in 'n kring!
Die potte en panne
spring rond
op die stoof,
en die ketels
staan almal en sing!

BESSIE KOTZÉ

Die skoorstene

Die skoorstene
is die dakke se bene,
en die rook is die stof
wat onder hulle voete
uitplof, plof, plof!

A. FOUCHÉ

Pannekoek

'As dit so heeldag reën, ou Mamsie,
en die kinders het vakansie,
dan is hul die hele dag op soek!'
'Na wat, my kind?' 'Na pannekoek!'

JULIA HEYNEKE

Bak skoonmaak

Wanneer my mammie koekies bak,
is ek ook altyd by.
Ek weet mos dat so kort voor lank
kan ek die deegbak kry!

My mammie los 'n bietjie deeg
net spesiaal vir my.
Dan lek ek met my vingertjie
totdat daar niks oorbly!

So kom die deegbak pragtig skoon,
wie sal dit skoner kry?
Hoekom hul nog die bak wil was,
is pure Grieks vir my.

BEATRIX VIVIERS

83

Te veel borde

Baie borde op die rak,
netjies langs mekaar gepak;
borde groot en borde klein,
borde van glas en porselein.

Baie borde op die rak,
borde diep en borde vlak;
borde skitter, borde pryk,
borde oral waar jy kyk!

Hier staan ek nou skoon verstom,
ja, 'n grootmens is tog dom!
Waarom soveel borde tog?
Té veel borde, sommer bog!

Kyk, vir my is daar net een,
net een bordjie so alleen;
diep en blou met hasies op,
goed vir alles, vleis tot sop!

BEATRIX VIVIERS

Hasie se verjaarsdag

Is dit jou verjaarsdag, Hasie?
Hier is 'n present van my:
die hele akker vol spinasie
kan jy alles net so kry.

F. DU PLESSIS

Stroopdiefie

Op jou tone na die spens,
naby is geen kwaai grootmens.
Skroef die flessie saggies oop,
neem vir jou 'n bietjie stroop.
Lek jou vingers almal af,
voor jy om die hoekie draf.

MARIECHEN NAUDÉ

Die handvol glase

Die handvol glase, die handvol glase,
duisend kompilminte van tan Mina Klase
Agneewat strooi
sê Hessieverrooi
die tan Mina Klase
weet gestuk van glase
en duisend kompilminte stuur
nog nout daarvoor is sy gans te suur.

BOERNEEF

Kombuis, kombuis

Kombuis, kombuis in die môre:
My ma braai spek in die pan,
orals staan daar koppies rond,
die koffie trek in die kan.

Kombuis, kombuis in die middag:
As ek instap van die skool,
kry ek die geur van kerrie
of groenboontjies en kopkool.

Kombuis, kombuis in die reëntyd:
As die druppels soldate speel,
bak my ma vir ons pannekoek
en ruik dit na kaneel.

Kombuis, kombuis in die aande:
As die soppot staan en prut
en Mamma dek die tafel,
voel ek veilig en beskut.

Kombuis, kombuis in die laatnag:
Alles blinkskoon soos kan kom,
met die tik-tak van die muurklok
en die yskas wat soms brom.

ESTA STEYN

Kreefkerrie

(KAAPSE MOPPIE)

Kyk, daar kom die kreefkar aan.
Waar kom hy so ver vandaan?
Die kinders maal nou deurmekaar,
hulle het hom al lank gewaar.

'Hier, Motjie Lima, die laaste vier vir jou,
ek het die grootstes uitgehou.
Julle moet opsy staan
dat my kreefkar kan verbygaan.
Kinders, laat die wiele los.
Môre bring ek weer
kreef vir kerriekos.'

Die kinders roep hom agterna:
'Kreef, karmonk en kerriepoeier
maak jou sterker as 'n stoeier!'
En wat sou Motjie Lima maak
dat haar kreef so lekker smaak?

'Kreef met knoffel en masalla,
gemmer, rissies en koljanna,
ywe, vinkel en tamatie,
lekkerder as vet soesatie!'

I. D. DU PLESSIS

My verjaardagpartytjie

Ses kersies op die koek,
ses maatjies op besoek.
Ses vlammetjies blaas ek dood,
ses jaartjies is ek groot.

CECILIA SAAYMAN

85

Resepte

RIEMPENSIE, is jy honger?
Byt aan 'n groen komkommer.

KLEINSEERKIE, is jou eina groot?
Tel die treetjies van 'n duisendpoot.

MISSELIKKIE, voel jy naar?
Gryp na die naaste bloekomblaar.

KALEBASSIE, kry jy koud?
Dra 'n molvellap op elke boud.

SUURMELOENTJIE, voel jy olik?
Fluit deur jou vingers. Dit maak vrolik.

KASEVLAKIE, is jy vaak?
Dan moet jy ses lang sugte slaak.

GOLIAMSON, voel jy sterk?
Soek dan vir jou 'n man se werk.

KAHALARI, is jy dors?
Suig aan 'n stukkie droëwors.

NJARRA, kwel jou 'n kwaai humeur?
Draf onder die eerste reënboog deur.

DIKKEBEKKA, is jy nors, miskien?
Tel twee en twintig, pleks van tien.

JEMMERIA, lyk alles vir jou saai?
Dalk is jou skip net om die draai.

NIC J. STRYDOM

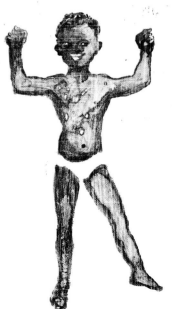

Arme Flippie

Arme Flippie, hy kon slokke
grote blokke,
'n koei met 'n kalf,
'n dooie perd en 'n half,
'n honderd skape,
'n berg vol rape.
En tog kon die arme Flippie
van honger nie slape.

Orlapant

Orlapant, die olifant,
se maag is yslik groot!
Hy eet 'n halwe sak pampoen,
hy eet twee terte en 'n brood!
Dan nog 'n rooi-ryp waatlemoen,
en agtien bossies beet!
    Soe!
Orlapant, die olifant,
kan vreeslik baie eet!

BESSIE KOTZÉ

86

Braai vir hom 'n skilpad

Braai vir hom 'n skilpad,
hy verjaar vandag.
Koop vir hom 'n blik sardiens,
hy's gedoop vandag.
Skiet vir hom 'n gompou,
hy gaan trou vandag.
Skink 'n boegoesopie vir die ou,
gee 'n veerkombersie vir sy vrou
om die eerste klong in toe te vou.

BOERNEEF

Kinderwense

As al die bome en die gras
van melktert en van suiker was,
en al die voëltjies en die vee
en al die visse in die see –
ja, al wat leef, selfs ons ou haan,
uit wors en biltong kon bestaan!
As al die damme koffie was,
die hele see van wyn,
as al die klippe kase was
en daar was geen asyn!
Sou ek nie heeldag eet en drink
en skoolgaan glad vergeet?
Maar wat sal van my magie word?
Ek wonder of ek weet!

H. JOUBERT

Verjaarsdae

As kindertjies verjaarsdag vier
dan maak hulle mammies gemmerbier;
dan eet hulle koek en hoendervleis –
rosyntjies in die goudgeel rys.

'n Katjie hou nou weer van vis;
'n voël van wurmpies, gewis;
'n koei van semels; en 'n uil
sal alles vir 'n muis verruil.

Jong hondjies kan jy keer op keer
op ou vleisbene goed trakteer;
maar as konyntjie gaan verjaar –
gee hom maar net 'n groot koolblaar!

IDA THERON

Drie borde sop

(KAAPSE MOPPIE)

Daar woon 'n mooi meisie
daar onder by die vlei,
haar pappa is 'n bakker
en sy is lief vir my.
Haar liefde is vir my alleen,
maar glo my dit is waar:
jy moet 'n meisie eers leer ken
of daar is groot gevaar.
Ek bring die bokkie na my huis
om 'n stukkie te kom eet.
Sy sê sy is nie honger nie,
maar wragtag sy kon vreet:

Drie borde sop,
'n hele skaapkop,
hoendereiers by die dosyn,
soutvleis koud,
'n hele beesteboud
en 'n halwe bottel brandewyn.

Toe bak my oemie
in haar beste pan,
eiers en tamaties,
soos my oemie kan;
denningvleis met groente,
beesvleis en soesatie,
hoender en tamatie,
in haar beste pan.
My hart word sommer naar,
want toe het ek geweet:
sy sê sy is nie honger nie,
maar wragtag sy kon vreet:

Drie borde sop,
'n hele skaapkop,
hoendereiers by die dosyn,
soutvleis koud,
'n hele beesteboud
en 'n halwe bottel brandewyn.

I. D. DU PLESSIS

5.
Die ontdekkertjie se avonture

LENTE

SOMER

WINTER

HERFS

Ons rol
die bol
die wêreld om;
die jaar
is klaar
as ons weer kom.

Die ou ot

Die ou ot

Die ou ot is verspot,
sy grom en sy brom
en haar wieletjie-neus wikkel rond;
maar die kleintjies:
hoe fyntjies,
en spikkel en bont
staan hul steweltjies blink op die grond.

F. DU PLESSIS

Kinderlied

Kom, kom, kindertjies,
buite vlieg die vlindertjies –
hier, daar, oweral!
Al die kleine stakkertjies
soek hul bonte makkertjies –
kyk, kyk, ag hoe mal.

In die kleine kommetjies
van die bloedrooi blommetjies,
duik, duik, duik hul in;
reguit na die suikertjies
vlieg die bonte duikertjies –
suig, suig, suig daarin.

Kom, kom, kindertjies,
speel net soos die vlindertjies –
hup, hup, spring en val.
Blossies op jul wangetjies,
sing hier soete sangetjies
op die vlakte, oweral.

A. D. KEET

Kappertjies

Kappertjies, ag kappertjies,
het ek vir jul gesê?
Jul is die mooiste, mooiste goed
in al die kleuregloed
wat ooit 'n tuin kan hê!
Jul is so mooi,
so geel, so rooi,
so fyn getooi!
Ag kappertjies, het ek gesê?
Ek wil ook so 'n kappie hê?

HILDA POSTMA

Tuinmaak

As ek in my tuintjie
klein-klein saadjies saai,
dan kom die sagte windjie
om hulle weg te waai,
dan kom die fynste reëntjie
om hulle vas te druk,
en ek kom met 'n mandjie
om blommetjies te pluk.

RIKA NEL

Blindemol

Die mense noem my blindemol,
want ek gaan my eie gang;
vir sonlig is ek alte sku
en vir mense is ek bang.

My lyf is seer van rumatiek,
want my huis bly pal deurweek,
en boonop moet ek aldag koes
dat geen graaf my rug afsteek.

RONNIE BELCHER

Meneer Mol

'My stert móét kort wees,'
sê ou meneer Mol,
'want in ons doolgange
sal lang sterte net lol.

'Hulle noem my 'n blindemol,
maar wat is daar miskien
in die donker tonnels
onder die grond te sien?'

MARINA LABUSCHAGNE

Die kolhasie

'n Kolhasie het ek ontmoet
daar onder in die graan.
Ek groet die outjie vriendelik
en vra hom hoe dit gaan.

Die kolhaas groet ook stil beleef,
maar sê hy weet nie bra nie:
hy't niks om oor te spog nie
en niks om oor te kla nie.

TIENIE HOLLOWAY

Die verkluimde akkedis

Net hier voor my op die grond,
het ek die liefste ding gekry –
stertjie rooi, en verder bont.
En nie die minste bang vir my.

Kyk, ek neem hom in my hand.
Foei tog, kleinding, wat is jy?
Hierjy, haai! jou klein kalant!
Kyk nou hoe laat skrik jy my!

B. TRAAS

November

Koring sny,
gerwe ry,
mied maak en dors –
oppas nie mors!
Brood om te eet –
dank nie vergeet!
Oestyd al weer –
goed is die Heer!

JAN WAT VERSIES MAAK

Boertjie

Die vuurtjie flikker-vlam,
die keteltjie die fluit,
die vroutjie skink die koffie,
en Boertjie drink dit uit.

Die boertjie melk die koeitjie,
die vroutjie maak die kaas,
die hennetjie lê eiers,
die haantjie maak geraas.

Die boertjie plant die koring,
die reëntjie maak dit groot,
die boertjie oes die korrels,
die vroutjie bak die brood.

BESSIE KOTZÉ

Griet slag 'n kat

Griet slag 'n kat
en Nel verkoop die vel,
Nel verkoop die vel
vir 'n troumanel.

Skilpad

Skilpad, slaap jy waar jy lê?
Hoor jy wat die korhaan sê:
Jou lelike ding met jou knoppies-dop,
jou weglê-pote en skurwe kop!
Toe maar, Skillie, jy's 'n skat
al maak jy ook so baie nat.

F. DU PLESSIS

My swepie

Ek maak 'n lekker swepie,
'n riempie aan 'n stok –
daarmee laat ek die varkies
hardloop uit hul hok!

Ek gee 'n harde hou –
o! nie regtig raak –
net om stoute varkies
goed skrik te maak!

HELENA J. F. LOCHNER

Opgelos

Haai! Volstruis, met jou lang nek!
Kan jy hom nóg langer rek?
Kan jy hom nóg langer maak
dat jy aan die dak kan raak?

Kyk dan tog 'n bietjie daar
of jy nie my bal gewaar?
Ek het hom netnou hier verloor,
kyk tog mooi, Volstruisie, hoor?

B. TRAAS

Die wilde ruiter

My ryperd is die stokkie,
die lat is my karwats;
my perd se naam is Bokkie,
karwats se naam is Rats.

Ek kom net van my skaap af,
my beeste op die plaas;
gisteraand nog van die Kaap af,
vanaand na Umkomaas.

Ek jaag verby 'n jokkie,
ek wen die westewind.
My perd se naam is Bokkie,
en myne . . . Pa se Kind!

A. G. VISSER

Die eekhoring

Die wind het gewaai,
  die reën uitgesak,
toe steek 'n klein skollie
  my weg in sy sak.

Hy verkoop my in Worcester
  aan 'n vrou sonder man
wat my in haar kamer
  in 'n silwerhokkie hang.

Appels moet ek knibbel
  en grondboontjies kraak,
op 'n piepklein matrassie
  langs my groot stert slaap.

D. J. O.

93

Worsie

'Kyk die ou Worsie,'
lag almal op straat.
Dis van my hondjie
wat hulle so praat.

'Kyk die kort beentjies
en kyk die lang lyf!
Kyk die krom stertjie
staan penorent styf!'

Toe maar, ou Worsie,
laat hulle maar praat.
Jy is 'n waghondjie –
klein, maar kordaat.

Skelms gee gou pad
as jy aan hul broek vat,
want jy byt so njaf-njaf
hul bene se nerf af!

ALMA EN MARA VISSER

Twee vinke

Twee vinke langs die doringdraad
gesels dat dit so klap.
'Die boer is nou-nou hier, ou maat,
dan sal ons weer moet trap.'
'Dit was nou regtig lekker saad,
of hoe dink jy, ou Flip?'
En Pietvink sit nog so en praat
toe val die boer se wip!

CHRISTIEN MALHERBE

Die stokperd

Johannie de Kock
se perd is 'n stok,
'n perd wat kan trippel,
kan draf en galop,
kan runnik en proes,
kan speel met sy kop;
'n dier wat kan loop
dat die vonke so spat,
as Johannie die ruiter
die kronkelpad vat.

J. F. SPIES

Oom Piet van Zyl

Oom Piet van Zyl
skiet met sy pyl
twee patryse
agt ou muise –
brawe oom Piet van Zyl!

Ons kat en hond

Ons kat se naam is Oupa Ben,
die hondjie was eers Bes,
maar noudat ons haar beter ken
noem almal haar Moles.

F. DU PLESSIS

94

Daar was 'n klein boertjie

Daar was 'n klein boertjie
met 'n klein, klein roertjie
en die koeëls gemaak van lood, lood, lood.
Hy loop in die reent
en skiet 'n wilde-eend
dwarsdeur die kop: dood, dood, dood.

Hy bring dit tuis
na sy vrou in die kombuis:
'Pluk hom skoon, en laat hom braai, braai, braai.
Ek sal in die reent
die ander wilde-eend
se dons met my koeëls laat waai, waai, waai.'

Hy kruip stil verby
deur riete in die vlei
en begin sy roertjie aanlê, lê, lê.
Toe vlieg die wilde-eend
óp deur die reent
en skree vir die boertjie: 'So wê, wê, wê!'

W. VERSFELD. GEWYSIG

Ons ou bok

Ons ou bok daar in die kamp,
maak my regtig kwaad.
Hy stoot jou – somaar so verniet –
vas daar teen die draad!

Die ander dag toe ek daar speel,
kry hy my strooihoed beet,
ek ruk en pluk om dit te red
maar hy't dit opgeëet!

HELENA J. F. LOCHNER

Die jagter

Eendag wou klein Piet gaan jag,
sy roer was maar 'n stok.
Daar in die veld het hy gewag
vir leeu en tier en bok.

'Ek mik so goed en skiet so net!'
spog die dapper Piet.
Maar net 'n muggie baie vet,
het hy die dag geskiet!

HELENA J. F. LOCHNER

95

Giel Kokketiel

Giel Kokketiel, kom sê hallo vir my
dan kan jy nou-nou weer lekker kos kry;
Giel Kokketiel met jou klein besemkop,
hier is jou saadjies, kom pik dit gou op!

Giel Kokketiel, is jy dalkies getoor?
Waarom die bloedrooi kol op elke oor?
Giel, jy kan fluit, jy kan sing, jy kan praat –
dalkies word jy nog 'n slim advokaat!

Giel Kokketiel skree benoud: 'Kwiek-kwiek-kwiek!'
Ag toggie, Giel, sê my: Is jy dalk siek?
Kom tog hier dat ek jou koppie kan krap.
Eina! hy't waarlik my vinger gehap!

VESTA OELOFSEN

Pronkspreuk

Ruik my appel,
ruik my peer.
Hier's my kanonkoeël:
hy skiet so seer.

GEWYSIG

Kuikentjie

Die kuikentjie pik tik-tik,
die eierdoppie kraak!
Jy moenie help nie, Boeta,
hy weet wat hy moet maak.
Hy weet hoe lank hy stil lê
en wanneer hy moet klop,
wanneer hy moet uitkruip
uit die harde dop.
Saggies, Boeta, saggies,
tel versigtig op:
so 'n goudgeel bolletjie
het nie 'n harde dop.

ALBA BOUWER

Voëltjie

Ek kuier by oom Klasie,
oom Klasie het 'n plaas,
en ek ry op die trekker
wat so lekker raas.

Met die eerste winterreëntjie
ploeg ons die lande skoon,
en daar ry ons 'n voëltjie raak
wat in 'n blikkie woon.

Nou lê daar net 'n hopie
wat eers 'n voëltjie was,
en wie moet nou die voëltjie
se kindertjies oppas?

R. K. BELCHER

Die swaeltjie

Daar sit weer die swaeltjie
op die wilgerpaaltjie –
waar kom hy vandaan?
O, die liewe dromer
weet dit is weer somer,
daarom kom hy aan.

Môre vat hy grondjies,
maak dit ronde klontjies,
en hy bou sy huis.
Sonder saag of hamer
maak hy dan sy kamer,
en daar is hy tuis.

Dan maak hy van vlassies,
van veertjies en grassies
weer sy bedjie mooi.
Later lê die kleintjies
agter die gordyntjies
van hul sagte kooi.

W. H. BOSHOFF. GEWYSIG

My katjie

My katjie is wit,
ja, witter as wol.
Hy speel op die vloer,
hy spring en hy rol.

Ek roep hom so sag,
hy hou vir hom bang,
en onder die stoel
moet ek hom gaan vang!

HELENA J. F. LOCHNER

Die wit bosbok

(UHLAND)

Drie jagters het met honde eendag
die wit bosbok in die klowe gaan jag;
hulle lê en rus langs 'n doringboom,
en daar het die drie 'n vreemde droom.

Die eerste:
'Ek droom ek gooi in die bosse 'n klip,
toe spring die wit bok daaruit:
                    glip, glip!'

Die tweede:
'Terwyl hy vlug voor die hondegeblaf,
daar trek ek los op sy vel:
                    pieng, paf!'

Die derde:
'Toe ek die bok op die aarde sien lê,
blaas ek driftig die horing:
                    kwê, wê!'

So het die drie van hul drome vertel
toe die wit bok wit verby hulle snel,
en vóór die jagters nog mooi kon kyk,
het die bok weer in die bosse gewyk.

Glip, glip! Pieng, paf! Kwê, wê!

D. J. O.

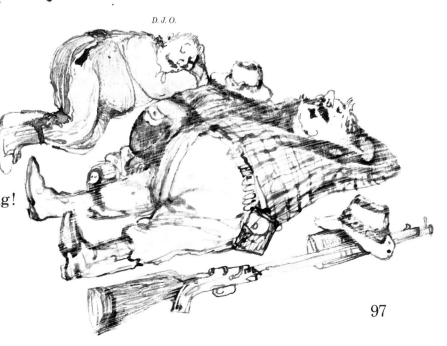

97

Veertien kapokkies

Veertien kapokkies van Ouma gekry:
wittetjies, bontetjies, almal vir my!
Saam met hul mamma wat kloek-kloek-kloek roep
in 'n groot rietmandjie daar op die stoep.

'Piep-piep-piep, piep-piep-piep, wag dan vir my,'
roep hul benoud as daar een agterbly.
Daar's die ou swart kat – ek is tog so bang
dat hy my liewe kapokkies sal vang.

Kyk, hul kan self al die saadjies oppik,
veertien geel bekkies wat tik-tik-tik-tik!
Kyk, hul jaag goggatjies, maar ag, so dom!
Hol rond en bont en val woeps! sommer om!

VESTA OELOFSEN

'n Pomp en 'n stomp

Dis 'n pomp en 'n stomp
en 'n ramp en 'n stamp!
Dis renoster
die eenhoringreus!
Hy pomp en hy stomp
en hy ramp en hy stamp
met sy sabel op sy neus.

Hy hoor 'n geraas
en sy neusgate blaas
en sy horing is reg
om te boor!
Hy pomp en hy stomp
en hy ramp en hy stamp
en hy waarsku:
'Gee pad of ek moor!'

BESSIE KOTZÉ

Riviere

Witrivier se water blink,
Buffelsrivier het horings.
Leeurivier het bok gevang
en Boomspruit is vol dorings.

Modderrivier is vaal,
Vetrivier is blink.
Visrivier se vet vis
sink en verdrink.

Apiesrivier haal streke uit
en swaai in die takke rond.
Die Krokodil lê varkens voor
by Varkensvlei se mond.

W. O. KÜHNE

Katjies

Onskuld-snoetjies,
wolle voetjies,
        ogies groot en klaar –
half wantrouend
wêreld aanskouend –
        wêreld wonderbaar!

Trippel-trappies,
guite-grappies
        oor my kamervloer;
tuimel-rollend,
huppel-hollend,
        sluipend op die loer!

Sluimer-veinsend,
stille peinsend
        in die sonneskyn.
Lekker luierend
tuintjie-kuierend –
        skudde-voetjies fyn.

Welkom, kleine
harlekyne,
        ná die sware dag.
Neem my sorge
weg tot morge;
        leer my weer te lag.

JAN F.E. CELLIERS

Visvang

Plaps! Dit was so amper
        of ek het nou een gehad.
Maar hulle is so vreeslik glad
        van al die tyd se bad.

Soe! Die water loop al straaltjies
        agter in my nek,
en onder by my skoen se sool
        begin dit ook te lek.

Kaats! Hou op met knor en loer.
        Jy maak die visse bang!
En dan kan ek maar ophou
        om hulle te wil vang.

Outjie! Kyk nou net 'n bietjie,
        hoe het ek dit reggekry?
Die mooiste, geelste van die vissies
        het in my . . . kous gegly!

ANONIEM

Oom Olifant

Eendag staan oom Olifant
op 'n hoë wal.
Sy voet glip weg – en oor die kant
wil Oompie nou net val!

Oompie skrik en gou knoop hy
sy stertjie aan 'n blom;
en toe sy voete weer weggly,
het Oom niks oorgekom!

HELENA J. F. LOCHNER

Miemie en haar lammetjie

Klein Miemie had 'n lammetjie,
  met sagte witte wol.
Hy wei daar by die dammetjie
en daaruit drink die lammetjie
  sy pensie dik en vol.

Die lam kom op 'n sekere dag
  na skool met Miemie saam.
Die kinders wil toe speel en lag,
dis iets wat nie gebeure mag,
  wat nie op skool betaam.

Die meester jaag die lam toe weg,
  maar hy speel op die gras
en blêr so dan en wan net: 'Mê';
maar gaan stil langs die water lê
  tot eindelik die skool uit was.

En later toe ons buite kom,
  toe kom die lam ook aan;
die kinders kyk almal na hom,
die meester self die lag daarom
  hoe hy voor Miemie staan!

Hy lê sy koppie in haar skoot –
  die kinders roep: 'Hoe fraai!'
Klein Miemie gee hom stukkies brood,
toe stamp die lam weer met sy poot,
  tot Miemie hom weer paai.

'Og, Meester, sê ons asseblief
  hoe so iets dan voorkom?'
'Die lam die het vir haar so lief!'
'Ja, Meester, sê ons asseblief?'
  'En sy is baie lief vir hom.'

JAN WAT VERSIES MAAK. GEWYSIG

Petrus Paling

Petrus Paling is te glad
vir 'n man om vas te vat.
Al is jy vinnig, rats en fiks
jy staan daar met 'n handvol niks.

F. DU PLESSIS

Seekoei

Jy lyk net soos 'n olifant
as jy daar rondrumoer.
Dan sak jy in die water in
en lê daar op die loer.

As ek maar net my vinger lig
dan duik jy weg tot later,
en waar jy wegraak, stoot die kringe
al wyer oor die water.

NIC J. STRYDOM

Olifant

Die olifant kom uit die bos,
hy stap na die watergat.
Ek trek hom aan sy agterstert,
hy spuit my waternat.

Toe hang ek aan sy voorste stert –
en weet jul wat maak hy?
Hy tel my op sy hoë rug
en laat my perdjie ry!

HESTER HEESE

'n Grap met 'n krap!

Onder by die water
op die rivier se rand
speel die krappies rond
op die warm sand.

Agter krappie kruip ek,
krappie nou te kry.
Vir krappie wil ek krap
maar krappie knyp vir my!

HELENA J. F. LOCHNER

Renoster

'n Snaakse dier is die renoster,
baie groter as 'n os.
Hy dra sy wapen op sy neus
en donder deur die bos.

NIC J. STRYDOM

Ons gaan swem

Dit was 'n somerdag,
ons het so warm gevoel;
die laaste een rivier toe,
daar was die water koel.

Almal trek gou uit,
klere op die wal,
ons het soos jong pampoene
die water in geval!

Jan gaan nou lekker duik,
hy hou sy asem op,
maar toe hy uitkom, sit daar
'n padda op sy kop!

HELENA J. F. LOCHNER

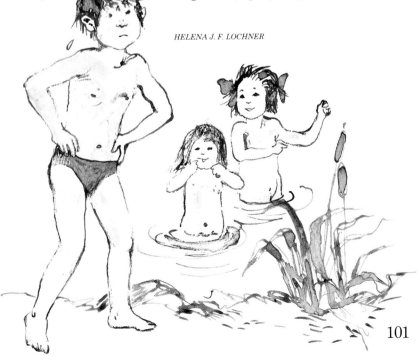

101

Boet se troeties

Boet Chris hou van torre en yslike motte;
hy't aaklige goggas en nare ou rotte,
'n krap en 'n padda swem saam in 'n bak,
drie witmuise skarrel rond op sy rak.

Loer onder sy bed – kyk net wát hou hy daar –
'n menigte wurms krioel deurmekaar!
Sy eekhoring spring en baljaar op ons dak,
'n muishondjie slaap in sy baadjie se sak!

Ons kan dit nie hou nie, die toestand versleg,
party goed loop rond en party goed loop weg!
'n Vreeslike gil! Ma spring weg en slaan neer –
'n krap in haar skoen! Weer 'n poets van meneer!

VESTA OELOFSEN

Die riksjabooi

Hy lig die disselboompie op
en laat sy wekroep hoor.
Ons klim kordaat die riksja in
en leun versigtig agteroor.

Hy bokspring soos 'n koedoebul.
Hy's mooi vir oud en jonk.
Hy swaai sy fraai getooide kop
net soos 'n dier wat pronk.

So ry ons deur die verste,
wildste, vreemdste land –
twee multi-miljoenêr-toeriste
van hoogste adelstand.

NIC J. STRYDOM

Kuier en werk

Boeta het gekuier
op 'n baie lekker plaas,
waar soggens vroeg die koeie bulk
en saans die eende raas.
Hy't elke dag te perd gery
en baie vleis geëet.
Hy't in 'n ronde dam geswem
en skoolwerk als vergeet.
Maar nou moet hy 'n briefie skryf
om dankie te laat weet,
want as 'n mens gekuier het,
mag jy dit nie vergeet!

ALBA BOUWER

Hier wil ek nie bly nie

Hier wil ek nie bly nie,
want hier is niks vir my nie,
huis toe wil ek nie gaan nie,
want daar het ek niks laat staan nie.

Die wapad is my woning,
skilpad is my koning,
hier wil ek nie bly nie,
want hier is niks vir my nie.

So nader aan die Kolonie,
so nader aan die ponie,
so verder van die Vaalrivier,
so verder van my liewe dier.

Ompad

My perdjie draf deur Wakkerstroom,
en kyk hoe blink my saal en toom.

My wa draai duskant Dias-Kruis,
ek hoor die see al verder ruis.

My stewels dwing na Iewersdal,
my hart staan eerder hier op stal.

MARIÉ VAN REENEN

Wimpie en Woef

Wimpie en Woefie speel in die son,
Wimp het 'n rekker en Woef 'n ballon.
Die windjie is skelm, en voor hy kan keer,
trek Woefie die lug in en waai heen en weer.
'Haai, Woefie, HAAI!' skree Wimpie van ver.
'Pas op, netnou stamp jy jou kop teen 'n ster!'
Wimp wil nog hardloop om hulp te gaan haal,
toe waai Woefie vas teen 'n telefoonpaal.
Maar slimme klein Wimpie het altyd 'n plan –
en hier kom die ou met 'n veermatras aan.
Onder die paal sit hy nou die matras,
hy mik met die rekker en skree: 'Woefie, hou vas!'
Woei! trek die klippie – en arrie! dis raak.
Woef skrik so groot – hy val dat dit kraak.
Woef is nog heel, net sy stert bietjie seer,
Wimp begin fluit en Woef 'woef-woef' al weer!

M. HORN

6.
Die poppiedorpie

Winkelvenster

Met neusie teen die venster aan
sien ek honderd poppe staan.
Ek vra: Wat maak die poppe hier?
Die poppe drink hul poppebier,
die poppe vier hul poppefees.
Kom, laat ons saam ook vrolik wees.

Maryke Marinda Maree

Maryke Marinda Maree
kom skink vir jou poppies hul tee,
Kandas wil gaan slaap
sy bly aan die gaap
en Pensie en Poensie die skree.

HESTER HEESE

Pinkie, Ponkie en Poen

'Is ek in my noppies,
met my nuwe poppies,
Pinkie, Ponkie, Poen?'
'Wie wil jy dan soen?'
'Pinkie is van porselein.
Ponkie is tog alte fyn.
Poen is 'n lappop, 'n pap pop, 'n grappop.
Poentjie is my liefsteling,
Vir Poen gee ek die soen.'

TWINKLE HANEKOM

Boetman, rykman

Krulkoppie het gaan wandel,
hy neem sy sussie mee,
hy koop 'n pond amandels
en deel dit toe in twee.

'Wat, as ek later koop,
wil jy vir Kersfees hê?'
''n Poppie wat kan loop
en slaap en "Mama" sê.'

Skoentjies in die venster

Skoentjies in die venster,
kyk hoe staan hul daar.
Druk ons neuse teen die ruit,
kies die mooiste paartjies uit.
Rooietjies vir Snippie,
wittetjies vir Rien,
blouetjies vir Sarie,
swartetjies vir Stien!

BESSIE KOTZÉ

Skoene koop

Klein Dolfie kry so swaar om te loop
dat sy mamma vir hom nuwe skoene gaan koop.

In die winkel vertel sy wat daar skort:
'Sy voet is te lank en sy skoene te kort!'

Die tannie pak af en sy mamma pas aan –
dan moet hy sit en dan moet hy staan.

Die skoene word 'n lang, lange ry,
maar nommerpas kan hy glad nie kry:

Die vales – nee, dit is nie goed;
die bruines pas ook nie sy voet.

Die swartes – ja: 'Bind styf die strik!'
'Met hulle is ek in my skik!'

Kyk tog net hoe blink die goed –
die splinternuwe voetegoed!

Kwi-aat! Kwi-aat! klink dit op straat –
dis nuwe goed wat só kan praat!

Die maats begeer: As ons tog Dolfie was . . .
met skoene wat so netjies pas!

Die aand, verseg of hy wil lê –
hy wil opsluit sy skoene by hom hê!

Met nuwe skoen in elke hand
reis hy toe weg na dromeland.

ANNA DU RAAN

Stoute Poppie

Poppie, jou rokkie
kom spierwit uit die was,
pragtig gestywe,
nou moet jy goed oppas!

Poppie, hoe pragtig
lyk jy tog nie nou!
Bly nou heeldag netjies,
moet nie weer verbrou.

*

Poppie, ag hoe vreeslik,
jy's vel-af op jou neus!
Kyk die kreukels en die kolle,
ag, dis swaar om ma te wees!

BESSIE KOTZÉ

Truitjie-trane

Truitjie-trane, groot verdriet,
laat dit druppel, laat dit giet;
ek weet waar die hartseer lê,
sy wil 'n pop soos Mietsie hê.

Mietsie, sy's my mooiste pop,
dra elke dag 'n ander rok;
goudgeel hare op haar kop,
en sy kan nog natmaak ok.

F. DU PLESSIS

Popsielief

Popsielief, toe kom dan nou
met jou ogies hemelsblou –
jy moet alles nou laat staan,
ons twee moet nou bed toe gaan.

In my armpies kan jy lê –
wat wil jy dan beter hê?
Maak nou altwee ogies dig,
anders blaas ek dood die lig.

Ander poppies slaap al lank,
Klaasvakie het hul vroeg gevang.
Al die bedjies is al vol –
nag, my kleine skattebol!

WINNIE MALAN

Ghoempie-Poempie

My Ghoempie-Poempie-sustertjie
is so 'n fraaie ding,
en glo vir my, hoe klein ook al,
sy kan tog baie sing.

Dis 'ê-ê-ê': sy's honger;
en 'tjoi-tjoi-tjoi': sy's vaak;
en 'wê-wê-wê': sy's baie dors,
en Mamma's bietjie laat.

En 'ghoo-ghoo-ghoo': sy's vol nou,
of 'aa-aa-aa': sy gaap.
Ek stoot die waentjie saggies.
My Ghoempie-Poempie slaap.

MAVIS DE VILLIERS

Pop se les

My Poppie, nou moet jy leer loop,
   jy word al groot, weet jy!
Ek het jou laas jaar al gedoop,
   hoe wil jy dan so klein nog bly?

Kom nou, mooi klein treetjies gee:
   linkervoetjie voor,
en daarna stapper, regtervoetjie,
   mooi so, Poppie, hoor!

Nee, g'n twee gelyk nie, kind!
   Hoe is jy dan so dom!
As jy nie leer nie, Poppie lief,
   sal jy nooit tuis aankom!

MARIA J. VORSTER

Die masjien

Tikke-tikke-tik! sê die masjien,
stikke-stikke-stik 'n rok vir Mien.
Woer-woerrrr! Dis die wiel wat draai,
woer-woerrrr! Hoor tog die lawaai!
Stik die nate aanmekaar,
netnou is die rokkie klaar!

Pragtig, Mien, jou rok sit mooi,
elke naat en elke plooi.
Maar, ou Mientjie, sê vir my:
Wie't jou rok so mooi gekry?
'Weet jy nie, domkop?, sê klein Mien,
'dis mos ek en my masjien!'

BEATRIX VIVIERS

Popspeel

Ek tel my poppe een vir een:
Annette en Beverley en Mien
en Sjouk en Elmarie en Anne
en Alta, Marie en Rolien.

Jy moet my poppe hoor gesels
terwyl ek hulle kos berei.
Die een hou nie van groente nie,
die ander eet net seldery.

Maar as die etensklokkie lui,
kom almal mooi aan tafel sit,
vou die servet versigtig oop
en maak beurte om te bid.

Ek laat hul toe om tog te kies . . .
die ene dít, die ander dát.
Maar jy moet sien hoe hulle koes
as ek buk en my pantoffel vat.

Ek het my poppe baie lief,
maar as hul dink dat hulle my
sommer maklik om die bos kan lei –
dan is dit hul die neus verby.

Met badtyd het ek my hande vol.
Ek sit hul same in die bad.
Hul skop en slaan en gaan te keer!
Jy sien net water spat!

Sodra Klaasvakie nader kom
en sandjies in die ogies strooi,
gaan hulle kamer toe en klouter
elkeen in haar eie kooi.

En as my poppe rustig slaap,
kom daar weer ander werk na vore.
Dan werskaf ek tot laat in die nag
en sorg vir die dag van more.

NIC J. STRYDOM

Soekie Louw gaan wasgoed was

Soekie Louw gaan wasgoed was.
Haal die wasgoed uit die kas,
bind 'n voorskoot om die lyf,
smeer met seep en vryf, vryf, vryf.
Een, twee, drie is alles klaar
en silwerskoon is dit, sowaar!

Soekie Louw hang wasgoed op –
kyk hoe drup dit op haar kop!
Pennetjies wat styf vasknyp,
dan kan windjie dit nie gryp!
Sokkies, doeke aan die lyn,
nou moet sonnetjie net skyn!

ANNA DU RAAN

108

Popgoed

Clarissa is my kuierpop
wat by my ouma bly.
Met haar speel ek net saggies,
want haar rokkie is van sy.

Mooi Ninza is my dromepop,
haar rok is bruin en geel.
Toe Mamma nog 'n kleintjie was,
het sý met haar gespeel.

Susarie is my liefie-pop,
haar rokkie is van sis.
'n Mens kan haar maar druk en dra
oor sy 'n speelpop is.

Maar Teddie is my lieweling,
hy ruik soos lekkergoed.
As hy styf teen my rug kom lê,
dan slaap ek gou en soet.

ALBA BOUWER

Teleurgesteld

Ek wou so graag 'n speelmaat hê,
en nou het hy gekom –
maar hy wil net by Mammie lê,
ek weet tog nie waarom.

Hy huil vir niks nie: wê-ê-ê,
sy kop is kaal en slap.
Hy kan g'n enkele woordjie sê,
en eet net bottels pap!

B. TRAAS

Dis snaaks

Ek ken 'n klein dametjie
met sneeuwitte vel,
wat nooit, nooit die waarheid praat
en nooit 'n leuen vertel.

En oud en jonk moet haar bedien
van smôrens vroeg tot laat.
Sy gee g'neen 'n vriendelike woord,
maar dit maak niemand kwaad.

Sy wil nie sit en ook nie staan,
huil kan sy, maar nie lag.
Tog het almal haar lief-sy is
net een week oud vandag.

CHRISTA VAN TONDER

Breiliedjie

Brei, brei, brei, brei –
nog 'n ry, en nog 'n ry!
'Is dit vir my pop 'n kappie?
Of 'n sokkie vir my pappie?'
Mammie gaan maar aan met brei,
nog 'n ry, en nog 'n ry!

A. B.

109

Begrafnis

Het julle gehoor
wat het Flippie van Skoor
en Danie Viljoen
al weer gedoen?
Glo begrafnis gehou
by Sannetjie Louw,
en haar fraaiste pop
in die graf gestop,
en die plek vergeet –
tot San se verdriet!
En Flippie van Skoor
en Danie Viljoen
het gespit en gesoek,
van die hek tot die hoek
om die arme kind
se pop weer te vind –
maar verniet!

TIENIE HOLLOWAY

Moedershulp

Kyk, ek kan die brood al knie,
want ek is mos ses.
Om my mammie mooi te help,
doen ek steeds my bes.
Ouboet weer, skroef flesse toe,
want sy hande is so sterk.
Ma sê altyd: 'Kinders, kom!
Vele hande, ligte werk.'

MARIECHEN NAUDÉ

Die nuwe baba

Ma het ons nuwe baba
van die hospitaal gebring.
Hy kan nie lag of praat of speel
of poppies-skryf of sing.

Ek sing vir hom 'n liedjie
van gansies in die strooi,
hy roer nie eens sy koppie
om te wys dis vir hom mooi.

Ek staan mooi teen sy bedjie
en wys vir hom my trein,
sy ogies bly net styf toe.
Ma sê: Maar hy's nog klein!

Toe byt ek deur sy wolbroek
'n lekker harde hou
mooi op sy ronde voetjie –
ek dink sy toon is blou.

Ma raas: Jou kleine stouterd,
ek loop jou sommer by!
En hy, hy skree, maar ek dink:
Nou weet jy tog van my!

ALBA BOUWER

Weg!

Marina Maryne se skoen is op soek.
Dis nie in die eetkamervenster se hoek,
dis nie in die slaapkamer of die kombuis,
dis nêrens te vind in die ganse groot huis.

'Marina Maryne, waar is jou skoen?
Die klein rooi pantoffel met die knopie van groen?'
Maryne sy kyk net, Maryne sy kraai,
asof sy ons uitlag oor al die lawaai.

'My skoentjie is êrens, ek sal nie sê waar.
Miskien in die eetkamer, soek gerus daar –
of dalk by die peerboom net duskant die hek,
of dit mag ook wel wees op 'n heel ander plek.'

Maar haar babbelgeluidjies help my baie sleg.
'Marina Maryne, waar kruip jou skoen weg?'
Toe skuif die karnallie so effens opsy
en daar het ons eindelik haar skoentjie gekry.

ELIZABETH VAN DER MERWE

Heildronk op Baba

Toe Kindjie in die wêreld kom
   so uit sy donker hoekie,
eet ons koek en drink op hom
   en draai hom in 'n doekie.

Van almal wat so vier op hom,
   sal hulle wat sy doekies vou,
lank leef en na die bruilof kom
   as ons klein kindjie eendag trou.

Poppetroue

Antjie is so besig,
haar poppe trou vandag.
Miemie dra 'n sluier,
haar blomme lê en wag.
Ou Kewpie is die strooijonker
en Boet die predikant,
en Brombeer die bruidegom –
die beste in die land.

TIENIE HOLLOWAY

Willemien

Waar, Willemien, gaan jy na toe?
Ek gaan net gou-gou winkel toe.

Wat, Willemien, wil jy gaan koop?
Klere vir Kiets om haar te doop.

Sê my, Willemien, watter soort klere?
'n Lint met 'n strik en 'n klossie vere.

Wie gaan haar doop, wie's predikant?
Eerwaarde Otter of Olifant.

Haar naam, Willemien, hoe doop jy haar?
Katsekina Wollewina Kietsie Koetsie de Jaar.

ULRICH GERRYTS

Speel saam en sê saam

Wat is dit wat die dogtertjies daar maak?
Sing en wieg hul poppies aan die slaap.

Raai bietjie wat die seuns daar doen!
Speel met pitte, ellies en 'n ghoen.

Kyk wat die nooientjies daar aanvang.
Dis hare vleg of krul met 'n tang.

Voer die kêrels iets besonders uit?
Roei heeldag rond op die dam in 'n skuit.

Waarom maak die tantes hulle mooi?
Almal na partytjies uitgenooi.

Sê tog of die ooms ooit iets verrig!
O ja, party speel gholf en ander dig.

MARIÉ VAN REENEN

Plaasliedjie

Ons het 'n modderkoek gebak
met dennebollekersies,
want koeitjie het vandag gekalf
en nou het ons twee versies.

ELIZABETH VAN DER MERWE

Snaakse diere

Ek het 'n hondjie,
hy kan nie blaf nie.
Ek het 'n perdjie,
hy kan nie draf nie.
Ek het 'n hennetjie,
sy kan nie lê nie.
Ek het 'n kwarteltjie,
hy kan nie kwê nie.
Voor my bed staan die diertjies
op 'n ry,
Oupa het hulle uit hout gesny.

ALBA BOUWER

Biesie, biesie, bame

Biesie, biesie, bame,
vou die handjies same,
kook 'n potjie rys,
kook 'n potjie vleis,
koes, koes, kindere.
AMEN.

Kabous en Kaboems

Kabousie en Kaboemsie woon bymekaar,
Kaboemsie is 'n vettetjie,
Kabousie is lank en maer.

Kabousie en Kaboemsie doen saam kwaad:
Kaboems hou die stoel vas,
Kabous klim oor die draad.

Kabousie en Kaboemsie steel vyekonfyt,
Kaboemsie moet aanvat,
Kabousie haal uit.

Kabousie en Kaboemsie kry saam wiks,
Kabousie skree whê! whê!
Kaboemsie huil niks.

Kabousie en Kaboemsie hoort bymekaar:
Kabousie is die ousus
en Kaboems die tweede snaar.

ALBA BOUWER

Die boonste laai

Ouma het 'n boonste laai
vol blinkertjies en goed,
daar's botteltjies en potjies
en dingetjies van toet.

Ek steek blink speldjies aan my rok,
bind snoertjies om my keel
en word 'n pragtige prinses
wat woon in 'n kasteel.

Ek smeer my lippies donkerrooi,
kyk gou of Ma nie sien,
want dit, sê sy, mag ek eers doen
oor so 'n jaar of tien.

Dan mag ek Ouma-ringe dra,
my naels verf, helderrooi.
Ag loop, sê Ma, jy's ouderwets,
bly net so, dan's jy mooi!

ALBA BOUWER

7.
Terg-en uittelrympies

Ane, drane, druiwedresse,
skottele, viere, vywe, sesse,
tafelborde ewe rond,
sekretaris het 'n hond;
hond, hond, gaan oor die see,
die water spoel van agter mee,
ou vroue bak pastei;
wie is uit: dis ek of jy?

Anna

Anna Panna, koek en tert,
vat die besem, vee die herd,
vat die skop en tel dit op,
gooi dit in die varkenshok.

Maans

Maans Terblaans,
spring op die krans,
speel die viool
dat die paddas so dans.

Sara

Sara, Sara,
bamboesblare,
sy lap haar rok
met rooi ru-gare.

Kaatjie

Kaatjie, Kaatjie
Kekkelbek,
val van die trap
en breek jou nek.

Lenie Bouwer

Lenie Bouwer,
loop tog gouer,
sit jou kappie op jou kop
en trek jou kousies hoër op.

Hessie

Hessie Tessie,
spinnekopnessie,
loop met 'n bottel
maar nie met 'n flessie.

Piet van Blerk

Piet van Blerk,
styf en sterk,
vinnig by die bak
maar stadig by die werk.

Bang Japie Malan

Bang Japie Malan
het vis gaan vang
met stok en lyn en hoek.
Sy hondjie sit wag
en raak aan die lag,
dis 'n krap in plaas van 'n snoek!

HELENA J. F. LOCHNER

Stoute Loekie Londt

Stoute Loekie Londt
pluk sy sus se vlegsel rond,
trek die stertjie van sy hond,
verf sy ma se vloere bont,
drentel in die strate rond
met 'n strooitjie in sy mond –
ai, die stoute Loekie Londt!

BESSIE KOTZÉ

Huis,
paleis,
pondok,
varkhok.

Een patat, twee patat,
drie patat, vier;
vyf patat, ses patat,
sewe patat weer –

Bik, boek, baas,
een pond kaas,
eet tot jy niks meer in kan kry,
dan is jy vry.

Ek is ek

Ek is ek en jy's my gek,
bonte vark en dikke spek,
alles in 'n groot swart pot,
vat dit en jy het die vrot!

Ellietjie, kelellietjie

Ellietjie, kelellietjie, kelykeklok,
uitgestole uit die hok,
een, twee, drie, vier, vyf, ses, sewe, ag, nege, tien
die beul blaas op sestien.

Yna dyna daina das,
skotle wyna waina was,
ink stink jou muskadel,
jy is uit, jou vrot ou vel.

Een, twee, drie

Een, twee, drie!
Waar is Marié?
Vier, vyf, ses.
Sy leer haar les!
Sewe, agt, nege, tien!
Môre kry sy tien uit tien!

BESSIE KOTZÉ

Hoendertjie, kapoendertjie

Hoendertjie, kapoendertjie, gebraaide spek;
die man op strooi,
ver van die huis af is so mooi.
Tot by tot, hamba sot,
Jan Kapelonie, op-sy-dot.

Olke, bolke, riebie, zolke,
olke, bolke – knor!

Een, twee, drie

Een, twee, drie,
vier, vyf, ses,
water in die fles,
olie in die kan,
weg was Jan!

Een, twee, drie,
al die voëltjies vlie;
vier, vyf, ses,
elkeen na sy nes!

Een, twee, drie,
my moeder heet Marié,
en heet sy nie Marié,
dan heet sy tog een, twee, drie.

Amandeltjie

Amandeltjie-dandel,
amandeltjie-dou,
een frikkadel is gaar,
die ander een is rou!
Wie kry die wit gans?
Wie kry die pou?
Amandeltjie-dandeltjie,
amandeltjie-dou!

BESSIE KOTZÉ

My vader het 'n bokkie

My vader het 'n bokkie,
hy wil hom laat beslaan;
maar hy weet nie hoeveel spykers
daarin sal gaan.
Een, twee, drie ...

Onder die groene bome

Onder die groene bome,
daar lê 'n Engelse skip.
Die Fransman is gekome,
hy is so gek as ek;
hy dra 'n hoed met pluime,
gans bedek met lint en strik.
Kom laat ons telle
onder onse selwe:
10, 20, 30, 40, 50, 60, 70, 80, 90, 100.
Ou Delima blaas op sestien.

Een, twee, drie, vier,
'n hoedjie van papier.
As die hoedjie dan nie pas nie,
sluit dit in 'n glasekassie.
Een, twee, drie, vier,
'n hoedjie van papier!

Fieterjasie

Fieterjasie,
fieterjot,
watter hoender
in die pot?
Rooie op die balke hoog?
Swarte met die goue oog?
Fieterjasie,
fieterjot.
Hiérdie hoender
in die pot!

BESSIE KOTZÉ

My pa het 'n huis

My pa het 'n huis,
in die huis is 'n kamer,
in die kamer is 'n kas,
in die kas is 'n laai,
in die laai is 'n brief,
in die brief staan geskrywe:
Jan Kolonie hoenderdief!

Hemelkewertjie

Engeltjie, engeltjie, vlieg dadelik voort!
Jou vader is dood, jou moeder is dood
en jou kindertjies eet droë brood.

Joerie, Joerie

Joerie, Joerie, botter en brood,
kom tog uit of ek maak jou dood!
Joerie, Joerie in die grond,
ek woel met my stokkie in jou huisie rond!

Joerie, Joerie, die kinders sê:
jy's 'n sandspinnekop en hulle wil jou hê.
Joerie, Joerie, bly daar op jou plek,
want kruip jy uit, is jy hulle gek.

ESTA STEYN

8.
Klokke: tel, leer en speletjies

Alles in die haak

Ek poets gou my skoene, dan blink hul so mooi,
en ek sit hulle netjies hier reg voor my kooi;
en wanneer ek opstaan, is alles net daar:
my sokkies, my skoene – hul staan kant en klaar!

ELIZABETH VAN DER MERWE

Toorfluitjie van die visser

Een, twee,
spring in die see.
Drie, vier,
soek 'n wier.
Vyf, ses,
sny met die mes.
Sewe, ag,
fluit nou sag.
Nege, tien,
visse sien.

GEWYSIG

Lekkerste tyd van die dag

Groenoog, grou-oog,
bruinoog, blou-oog
word blink van groot plesier
as Juffrou sê: 'Skuif nader klas,
ons storie-tyd is hier!'

CECILIA SAAYMAN

Soggens voor skool

Ek eet my mieliepap en brood,
en as ek dan my bord wegstoot,
sê die groot horlosie teen die muur:
Dis nou ver verby sewe-uur!

Uitveër, potlood, skoon sakdoek . . .
O, waar is tog my groen leesboek?
O ja, daar in die portaal,
nou nog net my liniaal.

Das regtrek en naeltjies skrop,
in my sak 'n sakdoek stop,
tande borsel, hare kam,
en my ore gou bydam.

Skoene skitter, sokkies skoon,
ek is blink van kop tot toon;
net my kosblik gou-gou vat,
dan loop ek die skool se pad.

'Ta-ta, Mamma, ta-ta, Pa!'
'Soet wees en jou mooi gedra!'
Dis haar rympie elke dag
as sy soentjie gee en lag.

ESTA STEYN. GEWYSIG

Vyf vet varkies van Voetfontein

Eerste Varkie Parkie het gaan boer, boer, boer.
Tweede Varkie Parkie het die mieliepap geroer.
Derde Varkie Parkie plant die wortels en die beet.
Vierde Varkie Parkie het van alles iets geweet,
maar Vyfde Varkie Parkie wou net vreet . . . vreet . . . vreet . . .

ELIZABETH VAN DER MERWE

Die klokke

Dis tinge-linge-ling,
en tonge-longe-long!
Die heeldag keer op keer!
Ja, tonge-longe-long,
of tinge-linge-ling –
daar lui die klok al weer!

Die etensklok, die skool se klok,
die voordeurklok, die foon se klok.
Ja, glo vir my,
'n mens kan sommer hoofpyn kry!

Want tinge-linge-ling,
en tonge-longe-long
die heeldag, elke keer,
ja, tonge-longe-long,
of tinge-linge-ling,
daar lui die klok al weer!

A. B.

Een, twee, swem in die see

Een, twee,
swem in die see.
Drie, vier,
bang vir 'n mier.
Vyf, ses,
kruip in die fles.
Sewe, ag,
lekker lag.
Nege, tien,
geld verdien.
Elf, twaalf,
ry op 'n kalf.

W. VERSFELD

A, B, boek

A, B, boek,
die meester sit in die hoek
met 'n hele skottel koek,
en slaan die kinders wat vloek.

Vyf klein brakkies

Vyf klein brakkies op die spoor van 'n tier.
Die tier gryp die voorste, toe is daar net vier.

Vier klein brakkies slaan op die vlug.
Die een verdwaal, maar drie kom terug.

Drie klein brakkies spring oor 'n voor.
Een spring kort, en twee bly oor.

Twee klein brakkies gaan seil met 'n skuit.
Die skuit slaan om – net een swem uit.

Die laaste klein brakkie laat sy stertjie krul,
toe spog hy hom dood, en nou's daar nul.

ULRICH GERRYTS

Tortelduifie

Tortelduifie, kam jou kuifie:
Maandag is dit Nuwejaar.
Kooitjie Vlooitjie, stryk jou plooitjie:
Dinsdag is dit kerkbasaar.

Tuisie Muisie, bou jou huisie:
Woensdag gaan dit baie reent.
Hansie Gansie, trap 'n dansie:
Donderdag trou 'n eend.

Tokkie Bokkie, lui jou klokkie:
Vrydag sluit die skole mos.
Rooiwangpoppie, vleg jou koppie:
Saterdag is ons uitgedos.
Totjie Otjie, kook jou potjie?
Sondag eet ons lekker kos.

JOHN P. KING

Skool toe

Ra-rie-roets,
skoentjies is gepoets,
handjies is gewas,
hier stap ek met my tas.

ELSA DU TOIT

Reën

Een druppeltjie, een;
tip-tip kom die reën.

Twee druppeltjies, twee;
die paddatjies skree.

Drie druppeltjies, drie;
swaeltjies aan die vlie.

Vier druppeltjies, vier;
vol raak die rivier.

Vyf druppeltjies, vyf;
pampoene wat dryf.

Ses druppeltjies, ses;
weerlig slaan ou Bles.

Sewe druppeltjies, sewe;
die beeste staan en bewe.

Ag druppeltjies, ag;
groot oes word verwag.

Nege druppeltjies, nege;
die wolke wat wegswewe.

Tien druppeltjies, tien;
reënboog word gesien!

D. J. O.

Telrympie

Een

Ek het een neusie en een mond,
maar baie tande rond en bont;
en tussen hulle, so alleen,
het ek 'n tongetjie, net een.

Twee

Ek het twee kleine ogies,
twee oortjies ook daarby,
twee handjies en twee voetjies –
dis alles deel van my.

Drie

In ons huis is drie kindertjies:
net Sussie, Boet en ek.
Maar Mamma sê ons raas te veel,
dit maak haar byna gek.

Vier

Daar is sowaar so baie diere –
van katjies klein tot wilde tiere;
so baie soorte, elke grootte –
maar ál die diere het vier pote.

Vyf

Die vingers van my hand
hou ek mooi oop en styf;
nou kan ek almal tel –
kyk – een twee drie vier vyf!

Ses

Op één hand tel ek nou tot vyf.
En één kom by vir hierdie les.
Hou nou jou ander duimpie styf;
tel – een twee drie vier vyf – en ses!

Sewe

Sewe dae in 'n week –
ek wil tel, maar kyk ek bewe –
dis mos dom om vas te steek –
een twee drie vier vyf ses sewe.

Agt

Een twee drie vier vyf ses sewe!
Agt klein pootjies spin so fyn!
Spinnekoppie, om te lewe
vang jy vliegies, groot en klein.

Nege

'Sowaar, 'n kat leef nege keer,'
so het my pa gesê.
Hoe kan dit wees? Hoe kan 'n kat
dan nege lewes hê?

Tien

Tel tot tien – dis baie swaar –
kom probeer dit tog nou maar:
tel tot agt en jy sal sien!
Wat bly oor? Net nege, tien.

ELIZABETH SNYMAN

124

Tien Masbiekertjies

Tien Masbiekertjies veg om vrede,
een word gewond, toe bly daar nege.

Nege Masbiekertjies raak aan die lag,
een kry die stuipe, toe bly daar ag.

Ag Masbiekertjies wil lekker lewe,
een eet hom dood, toe bly daar sewe.

Sewe Masbiekertjies speel met 'n mes,
een sny 'n aar raak, toe bly daar ses.

Ses Masbiekertjies skiet na 'n skyf,
een word getref, toe bly daar vyf.

Vyf Masbiekertjies jag op 'n tier,
die tier jag hulle, toe bly daar vier.

Vier Masbiekertjies het gaan vlie,
een val uit die lug, toe bly daar drie.

Drie Masbiekertjies swem in die see,
'n haai hap die agterste . . . toe bly daar twee.

Twee Masbiekertjies stap in die reën,
een smelt skoon weg, toe bly daar net een.

Een Masbiekertjie spring op 'n vul,
die vul gooi hom af, toe bly daar nul.

W. VERSFELD. GEWYSIG

Watter dag?

Die Maandagkind moet leer besin,
stort hals-oor-kop in alles in.

Die Dinsdagkind is fluks en wakker,
hy klap soos 'n voorslag oor sy akker.

Die Woensdagkind kan planne maak
om uit sy strikke los te raak.

Die Donderdagkind is vlug van gees,
hy wil altyd net die voorperd wees.

Die Vrydagkind is pligsgetrou,
dis in sy aard om koers te hou.

Die Saterdagkind is nors en kwaai,
oor almal wil hy koning kraai.

Die Sondagkind rig sag en stil
sy lewe na die Heer se wil.

NIC J. STRYDOM

Dae van die week

Maandag is dit wasdag
en Dinsdag gaan ek stryk;
Woensdag is 'n lekker dag
om winkels deur te kyk.
Donderdag maak ek huis aan kant
en Vrydag bak ek koek,
want Saterdag kom al my maats
my by die huis besoek;
Sondag, as ek kerk toe gaan,
trek ek my beste klere aan.

RIKA NEL

Die ABC

A is vir AAP,
hy kou aan 'n raap.

B is vir BROOD,
eet dit en word groot.

C is vir CEYLON,
waar ons tee vandaan kom.

D is vir DIER,
van 'n tier tot 'n mier.

E is vir EEND,
wat loop in die reent.

F is vir FLITS,
dit skyn in 'n kits.

G is vir GEK,
wat skewebek trek.

H is vir HOED,
haal dit af as jy groet.

I is vir INSEK,
met ses pote en 'n bek.

J is vir JAS,
wat hang in die kas.

K is vir KAT
voor muis se gat.

L is vir LINT,
wat my hare vasbind.

M is vir MA,
wat kos aandra.

N is vir NAG
met die sterre se prag.

O is vir OS,
gras is sy kos.

P is vir POU,
wat sy stert oopvou.

Q is maar Q,
ons gebruik dit amper nie.

R is vir RYS
by sous en vleis.

S is vir SLANG,
wat paddas vang.

T is vir TOL,
hy draai so dol.

U is vir UIL,
wat snags sit en huil.

V is vir VARK,
gekoop op die mark.

W is vir WOL,
gedraai in 'n bol.

X is vir XHOSA,
wat osse aanja.

Y is vir YSKAS,
dit hou ons kos vars.

Z is vir ZOELOE
van Umzimkulu.

GEWYSIG

My voorskote

EEN VIR ELKE DAG VAN DIE WEEK

Maandag se voorskoot is diep donkerrooi,
met poppies en perdjies daarop rondgestrooi.

Dinsdag se voorskoot is alles van groen,
met 'n sakkie geknip soos 'n goudgeel lemoen.

Woensdag se voorskoot pas goed by my wange –
dis rooskleur met blomme van soetste verlange.

Donderdag s'n is baie mooi sterk,
met kuikens en eendjies daarop uitgewerk.

Vrydag se voorskoot het valletjies om
en reg in die middel 'n groot sonneblom.

Saterdag dra ek 'n voorskoot van blou,
met spierwitte sakkies en 'n klein ronde mou.

Maar Sondag s'n is nog die mooiste van mooi,
dis pragtig borduur en ook alles geplooi,
en rondom die voorskoot is fyn witte kant.
Ai, Sondag is ek Juffrou Prinses Sjarmant!

ELIZABETH VAN DER MERWE

Verjaardae

Maandagskind is bly van gees,
Dinsdagskind is sonder vrees,
Woensdagskind is vrolik, vry,
Donderdagskind maak ander bly,
Vrydagskind deel altyd mee,
Saterdagskind sal vreugde gee,
en die kind wat op Sondag die eerste lig sien,
is die kind wat met liefde sy naaste sal dien.

ELIZABETH VAN DER MERWE

Die kriekeskool

In die skadu van 'n kool
gaan die kriekies heerlik skool.

So met handjies skoon gewas
sit die kriekies in die gras.

Meester Kriek met swart manel
kan tog stories mooi vertel.

Eendag toe hul sit en leer,
skiet 'n reier op hul neer.

Kriekies hoor net vlerke klap,
weg is hul met een groot hap.

Klaar was dit met Kriekeskool
in die skadu van die kool.

LOUIE WICHT

Die ABC van bome

A vir Akasia – soetdoringkroon.
B vir die Breëblaarboekenhoutboom.

C staan vir Cassia, kersboom heet hy.
D – Dadelpalm wat mens oral rond kry.

E vir die Essenhout, spitspuntig die blaar.
F – Fynblaar-ysterhout, 'n boom lank en maer.

G vir die Ghwarrie en Gousiektebos.
H vir Huilboerboon – vol bye se kos.

I vir Impala – 'n lelieboomstruik.
J vir Jasmyn wat soetgeurig ruik.

K staan vir Kiepersol, silwergrys van kleur.
L vir Laventelboom, blare gegeur.

M vir Maroela, die vrug kan jy eet.
N staan vir Naboom, sy sap doen mens leed.

O vir Oliewenhout, pragtig sy vlam.
P vir Papierbasboom, wit is sy stam.

Q vir Quinine – dis Engels – en Quar;
'n Q kan mens somtyds 'n bietjie verwar.

R staan vir Raasblaar en ook Rooi-ivoor.
S staan vir Stinkhout – die hout wat bekoor.

T vir Tambotie, sy meubels 'n droom.
U vir umKhuhlu – Rooi-essenhoutboom.

V – Vlam-van-die-Vlakte – 'n kleurvolle naam.
W – Wildevyeboom van Bybelse faam.

X Y Z – al die bome wat ons mooi land versier
en wat ons so liefhet al staan hul nie hier.

ELIZABETH VAN DER MERWE

Skoolsiek

Boetatjie is 'n siek man,
sy koors is baie hoog,
sy oë brand, sy keel is seer,
sy mond is baie droog.

Dis masels, sê sy ouma.
Pampoentjies, sê sy ma.
Skarlakenkoors, sê Oupa.
Dis skoolsiek, sê sy pa.

Drink maar jou medisyne,
Boetatjie, jy sal weet
of dit 'n regte siek is
of sommer kierang-sweet.

ALBA BOUWER

Dae in die maande

Dertig dae in September,
April, Junie en November.
Al die ander maande weer,
dié het nog een dag meer,
buiten Februarie, wat dan net
ag-en-twintig dae het,
en nege-en-twintig, dit is waar,
elke vierde, elke skrikkeljaar.

W. VERSFELD. GEWYSIG

128

Ou juffrou Padda en tien paddatjies

'Tien klein paddatjies kom sit in 'n kring,
bring julle boekies en laat ons sing.
Maak julle bekkies wawyd oop
en sing vir my so soet soos stroop.'

'Kwák, kwák, kwák.
Kwék, kwék, kwék.'

'Tien klein paddatjies maak my gek!'

W. D. BOSMAN

Die dongajol

Daar was eens dertig paddatjies
diep in 'n moddersloot.
Hul sou dié nag makietie hou,
dans poot aan poot aan poot.

Keerrr voorrr! Daar stamp Platannatjie
haar disnis teen 'n klip.
Hul laaf haar gou met slak-tjoutjou
en doepa haar bo-lip.

Toe riel die dertig paddatjies
en kwêla dat dit kraak,
sluk kort-kort bietjies spaansrietbrou
teen rumatiek en vaak.

Met dagbreek klink 'n dik gesteun:
'Ons gô is proppers uit!'
Toe spring elk padda hinkebeen
terug na eie kluit.

MARIÉ VAN REENEN

Paddatjies op skool

Onder by die waterpoel
is die skooltjie, heerlik koel.
Veertien paddas op 'n ry,
elk met griffie en 'n lei.

Syfers, somme en diktee
word hul elke dag gegee;
en dan leer hul nog 'n ding:
om te swem en ook te spring.

As die son begin te sak,
dan begin die laaste vak.
Hul moet kwik en hul moet kwaak,
want musiek moet hul nou maak.

So moet paddas dan ook leer
en moet oefen keer op keer.
As hul oud begin te raak,
leer hul ander paddas kwaak.

H. DE V.

Ons sing van Jan van Riebeeck

Ons sing van Jan van Riebeeck,
hy kom van oor die see
aan hierdie woeste wêreld,
'n nuwe lewe gee.

Ons eer jou Jan van Riebeeck,
'n ware held is jy.
Jy leer ons om heelhartig
ons aan ons werk te wy.

ANNA DU RAAN

Rondom die wêreld

Tien baba-sokkies hang vrolik op 'n ry,
twee en twee, twee en twee, gehekel en gebrei.

Die een paar kom van Duitsland, die ander van Japan,
die derde, van 'n snaakse land met so 'n vreemde van.

Die vierde van die Vrystaat, van Ma se nig en neef,
die vyfde is in Indië deur Indiërs geweef.

Tien baba-sokkies hang vrolik op 'n ry,
pienkes, wit en bloues, gehekel en gebrei.

ELIZABETH VAN DER MERWE

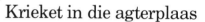

Die vlieër

Van hierdie stukkies riet
en vaalpapier
maak ek vir my
die mooiste vlieër.

Soek ook nog lap en tou,
want sonder stert
is die gedoente
nie die moeite werd.

En is hy eers daar bo
moet ek net haal en hou
sodat die briefies
kan opklim langs die tou.

Later na die aarde terug,
bring ek die rakker,
moeg van in die wolke
en die wind kerjakker.

A. J. J. VISSER

Krieket in die agterplaas

Al boul ou Gertjie
die wegbreek- en die opslagbal
om my paraffienblik-paaltjie
vir 'n eier te laat val,

keer ek
spoggerig sy balle
vir vyftig-
en vir honderdtalle.

En dan en wan
– om hom te pes –
moker ek dwarsoor
die huis se dak 'n SES.

O gits! dwarsdeur die vénster
trek die bal met swier!
Maar man, wás dit nie
'n alte 'swanky' vier?

A. J. J. VISSER

Hoogmoed

'n Padda op 'n buiteplaas
het hom mooi eenmaal opgeblaas –
hy sê hy wil, wat dit ook kos,
so groot wees soos die grootste os.

Hy blaas hom op, net soos 'n bol,
sy rug word krom, sy magie hol –
maar ag! jy hoor net tande knars,
want ons ou vriend het oopgebars.

Daar lê hy nes 'n droë beskuit
met al sy ingewande uit –
dit is verdien, ons weet dit mos:
'n padda word tog nooit 'n os!

W. H. BOSHOFF

Die weddenskap

Ek woel die toutjie om my tol
en skiet dit op die grond.
Die tol beland reg op sy punt
en draai vir 'n vale rond.

My maat se beurt. Hy lig sy tol
en mik sy hou van dáár.
Dit raps my tol skuins teen die kop
en kantel dit onklaar.

Nou my beurt, weer. Ek korrel een-oog
en laat dit afwaarts skeur.
My weerlig tref dit teen die kroon
en kloof dit middeldeur.

NIC J. STRYDOM

Tingelingeling

Ring-ting-ting,
die voëltjies sing
met 'n tingelingeling
en 'n klokkie-kling.

Die wolkie is wit,
die lug is blou,
en tingelingeling,
ek is lief vir jou.

Die boompie bot,
die duifie koer,
met 'n klokkie-kling;
die goggatjies loer.

Ring-ting-ting
die skool is uit;
die meisies lag,
en die seuntjies fluit.

Die pret is oor,
die dag's gedaan;
en tingelingeling,
die nag kom aan.

HENRIETTE PIENAAR

Albastertyd

My sak is vol albasters,
blink en glad en rond.
Piet en Jan en ek
maak kringe op die grond.

Ons sit albasters in.
Eers begin ou Piet
korrelhou en mik,
maar net om mis te skiet.

Jan dink hy sal wen,
maar hy't 'n klomp verloor;
net ek skiet almal raak:
my ghoenie was getoor!

HELENA J. F. LOCHNER

Skoolgebed

Ons dank U, liewe Vader,
vir 'n lekker nag se rus,
vir krag en vir gesondheid
om ons werk te doen met lus.

Ons dank U vir ons skool
en wat ons daarin leer.
O help ons, liewe Vader,
om alles te waardeer.

Ons bid U, liewe Jesus,
om naby ons te bly.
Gee vir ons reine hartjies
en hou ons aan U sy.
          Amen.

WINNIE MALAN

132

9.
Dans- en piekniekliedjies

Japie, my skapie

Japie, my skapie,
ek het lief vir jou.
Kalkoentjies trap also, also, also,
kalkoentjies trap also, also as jy.

In die wêreld is g'n ene nie,
    g'n ene nie, g'n ene nie,
in die wêreld is g'n ene nie,
    so as jy.

Aai, aai, die witborskraai!

Aai, aai, die witborskraai!
Hiervandaan na Mosselbaai!
Oompie wou na Tannie vry;
Tannie trek haar neus opsy.

Daar kom die wa

Daar kom die wa,
die vierperdewa!
Hy het nie naam nie,
sy naam moet hy nog kry.

Tant Lientjie draai, stadig swaai,
daar onder in die baai;
tant Lientjie draai, stadig swaai,
daar onder in die baai.

Rooi span osse!

Rooi span osse!
Rooiwielwa!
Môre gaan ons ouers vra!
Anderman se osse,
anderman se wa,
anderman se dogter
is swaar om te vra.

Die rooi span osse

Die rooi span osse en die bont bokwa,
voor op die wa sit die vaalbaardpa,
agter in die wa sit die swarthaarma.
Binne-in die wa met die buikplankpens
sit die voshaarnooi . . .
Ag, hoe lief het ek die meisiemens.

Strykystervoet soos dassie

Strykystervoet soos dassie,
deurskyn-oor soos hasie,
rooi-oog soos lewer,
bakstert soos meerkat.

GEWYSIG

134

Môre Oompie, môre Tannie

Môre Oompie, môre Tannie,
waar is Sannie dan?
Sannie het gaan water haal
daar onder by die dam.

Rokkie het 'n skeurtjie in;
die jonkman kyk daarna.
Die jonkman vra
om met Sannie te trou,
en skaamrig sê sy 'Ja'.

REFREIN
Ja, Oompie, ja, môre gaan ons trou!
Ja, Oompie, ja, môre gaan ons trou!

Oorkant die spruit

Oorkant die spruit is 'n goudgeel blom.
Hoe moet ek maak om daar te kom?
Die rivier is vol en die trane rol,
die kolperd sal die brug om hol.

Ver in die wêreld, Kittie

Ver in die wêreld, Kittie, Kittie, Kittie!
Ver in die wêreld, Kittie!
Kittie oor die see.
Sy laat haar draai,
en sy laat haar swaai,
maar sy laat haar nie verraai;
sy laat haar draai,
en sy laat haar swaai,
maar sy laat haar nie verraai.

Daar onder in die Breërivier

Daar onder in die Breërivier,
daar was my plesier,
daar loop die otters paar aan paar,
mannetjie en wyfie bymekaar.

Saam met die wa

Saam met die wa!
Die oom sê sommer: 'Ja!'
Saam met die slee!
Die oom sê sommer: 'Nee!'

Jan, Jan, jou lekker Jan,
jou lekker Jan van Ma!
Jan, Jan, jou lekker Jan,
jou lekker Jan van Pa!

Bobbejaan klim die berg

Bobbejaan klim die berg,
so haastig en so lastig,
bobbejaan klim die berg
om die meisies te vererg.
Hoera, vir die jollie bobbejaan!
Moenie huil nie,
moenie treur nie,
die Stellenbosse boys kom weer!
Moenie huil nie,
moenie treur nie,
die Stellenbosse boys kom weer!

Hansie slim

Hansie slim, berg wil klim,
gaan die wye wêreld in.
Stok en hoed pas hom goed,
hy is vol van moed.
Maar sy ma wil hom gaan haal,
Hans het dalkies al verdwaal!
Moeder sug, so bedug:
'Hansie, kom tog terug.'

Hansie swoeg, baie moeg,
hoog geklim, dit is genoeg!
Omdraai nou, ek sê vir jou,
bergklim nie weer gou!
Tuis smeer Ma die salfies aan,
Hans voel gou weer pure man!
Eerste keer, les geleer,
eendag weer probeer!

A. D. E. GUTSCHE. P. McLACHLAN

Padda in die dam

Padda in die dam, kriek in die vlei,
doring in die hart, dit steek vir my.
Kokkewiet, hoekom trou jy nie?
Koggelmander, kan nie vrou kry nie.

Rooi rokkie wil sy dra

Rooi rokkie wil sy dra,
maar niemand kyk daarna,
en almal staan verslae,
oor sy die rokkie dra.
Oom Jannie se mama, goggabie,
goggabie, goggabie.
Oom Jannie se mama, goggabie,
mooi was sy maar lelik nie.

Kinders, moenie in die water mors nie

Kinders, moenie in die water mors nie,
die oumense wil dit drink;
o kinders, moenie in die water mors nie,
die oumense wil dit drink.
Dit kom van ver af,
dit kom van ver af,
dit kom van ver af –
van Tafelkop se dam.

Die iep en die ap

Die iep en die ap, en die wit pampier,
jul deurtrappers van Kliprivier,
Magaliesberg se kortrokdraer;
Mooirivier se blou pampier.

Die rietskraal doringblaar!
Wie kom daar in die rooi pad aan?
Dis vervas my soetliefie!
Nooiens, nooiens, soutvleis braai,
dit lyk of die jonkmans hier wil draai!

Daar dans 'n Biba-Boetsiman

Daar dans 'n Biba-Boetsiman
in ons ou huis al-om-di-dom,
daar dans 'n Biba-Boetsiman
in ons ou huis al-om.
Hy maak 'n vreeslike bohaai,
hy laat die stowwe aaklig waai.
Daar dans 'n Biba-Boetsiman,
hy dans net wat hy kan.

WALTER SPIETHOFF

Hoender, kop-en-pootjies

Hoender, kop-en-pootjies en tamatieslaai,
Sannie het die koekies in die as gebraai.
Daar waar die son en die maan ondergaan
daar het ek vir laas my soetlief laat staan.
Kriekie in die dam en parras in die vlei,
waar is die nooientjie wat so lekker vry?

Daar kom die Alibama
(RINGDANS)

Daar kom die Alibama,
die Alibama kom oor die see.
Daar kom die Alibama,
die Alibama kom oor die see.
Nooi, nooi, die rietkooinooi,
die rietkooi is gemaak,
die rietkooi is vir my gemaak
om daarop te slaap.

Vanaand gaan die kêrels koring sny!

Vanaand gaan die kêrels koring sny, koring sny!
En vanaand gaan die kêrels koring sny, koring sny!
My geliefde hang aan die bos,
my geliefde hang aan die bos,
my geliefde hang aan die bitterbessiebos!

Ronde koppie

(KAAPSE MOPPIE)

Ek dans met die meisie met die kortste rokkie,
ronde koppie,
mooiste poppie,
ek dans met die meisie met die kortste rokkie
so in die lig van die maan.
O, my mamma, sê tog maar ja,
sê tog maar ja,
sê tog maar ja.
Ek dans met die meisie met die kortste rokkie
so in die lig van die maan.

I. D. DU PLESSIS

Suikerbossie

Suikerbossie, ek wil jou hê,
Suikerbossie, ek wil jou hê,
Suikerbossie, ek wil jou hê,
wat sal jou mamma daarvan sê?

Dan loop ons so onderdeur die maan,
dan loop ons so onderdeur die maan,
dan loop ons so onderdeur die maan,
ek en my Suikerbossie saam!

Sy kan nie kos kook nie, haar kos is rou;
sy kan nie tee maak nie, haar tee is flou;
sy kan nie brood bak nie, dis als verbrou:
tog wag ek, Suikerbossie, net vir jou!

O Siena, ek is lief vir jou;
Siena, ek is lief vir jou,
Siena, ek is lief vir jou;
Siena, wat sê jou mamma nou?

Kanniedood-liedjie

Hier's ek weer, hier's ek weer
met my kapkar voor jou deur,
ek wil jou hê, en ek sal jou kry,
ek wil jou hê, en ek sal jou kry.
Al slaan my ma my drie
maal op my kop,
ek wil jou hê en ek sal jou kry!
Ek wil jou hê en ek sal jou kry!

Ou vader Jakob

Ou vader Jakob
steek sy pyp vol twak op.
Jakob het nie ore nie,
sy ore is toegelak.
Maak Antonie vuur in die bos,
vuur in die bos, hoera!

Moeder Maria

Moeder Maria sit onder die trap,
sy voer haar kindertjies suiker en pap.
'Josie, jy moet skool toe gaan.'
'Moeder, ek het geen stewels aan.'
'Trek jou vader se laarse aan,
gaan daarmee na Spanje,
van Spanje na Oranje,
van Oranje na die see,
en bring 'n mandjie vol appeltjies mee

Die vaalhaarnooi

Daar waar die son en die maan ondergaan,
daar het ek my vaalhaar laat staan.
Julle kan sê wat julle wil sê,
die vaalhaarnooi wil ek hê.
Voor haar deur staan 'n sipresboom,
daar hang ek my saal en toom;
agter die deur sit 'n mooi rooi roos,
daar gaan ek my soetlief troos.

My hartjie, my liefie

My hartjie, my liefie, die son sak weg,
die son sak weg, die son sak weg.
My hartjie, my liefie, die son sak weg
daar onder by die blou berge.

My hartjie, my liefie, die maan kom op,
die maan kom op, die maan kom op.
My hartjie, my liefie, die maan kom op
daar onder by die blou berge.

My hartjie, my liefie, die maan sak weg,
die maan sak weg, die maan sak weg.
My hartjie, my liefie, die maan sak weg
daar onder by die blou berge.

REFREIN

En ek wil, ek wil, ek wil na die nooientjie gaan vry;
sy is so mooi en so liefies vir my.
En ek wil, ek wil, ek wil na die nooientjie gaan vry;
daar onder by die blou berge.

Tant Hessie se witperd

Kyk, hoe ry tant Hessie se witperd,
Hessie se witperd,
Hessie se witperd!
Kyk, hoe ry tant Hessie se witperd;
Hessie se witperd bo!

Julle maak verniet
tant Hessie se witperd sleg;
tant Hessie se witperd
maak die hele wêreld reg.

O kyk, hoe ry
tant Hes se perd,
tant Hes se perd,
tant Hes se perd!
O, kyk, hoe ry tant Hes se perd,
tant Hessie se witperd bo!

Bokkie

Die trane die rol oor jou, Bokkie,
die trane die rol oor jou, Bokkie.
Daar waar die son en die maan ondergaan,
Bokkie ons moet huis toe gaan.
Nee, nee, nee, my Dolla, nee!
Nee, my Dolla, nee! Nee, my Dolla, nee!
Nee, nee, nee, my Dolla nee!
Ek lol nie met 'n loskop-Dolla nie.

Al lê die berge nog so blou

Al lê die berge nog so blou,
al lê die berge nog so blou,
al lê die berge nog so blou,
haar woorde sal ek steeds onthou.

Maar dié moet julle darem weet,
maar dié moet julle darem weet,
maar dié moet julle darem weet,
haar woorde sal ek nooit vergeet.

Nou gaan sy weg met 'n lekker hart,
nou gaan sy weg met 'n lekker hart,
nou gaan sy weg met 'n lekker hart,
-hier sit ek nou in pyn en smart.

Al woon my bokkie nog so ver,
al woon my bokkie nog so ver,
al woon my bokkie nog so ver,
dan troos ek my aan die môrester.

Vat jou goed en trek, Ferreira!

Vat jou goed en trek, Ferreira!
Jannie met die hoepelbeen!
Vat jou sweep en slaan jou perde,
Jannie met die hoepelbeen!
Swaar dra, al aan die een kant swaar dra
Al aan die een kant swaar dra, Jannie!
Jannie met die hoepelbeen!

Biesiefontein

Biesiefontein,
jou mooie fontein,
daar loop 'n stroom wyn
so dik as my duim.

Sakdoek in die sy
is 'n pollie van my;
ring in die regterhand
is 'n ware troupand.

Die wegstap van haar
die maak my so naar;
die aankom van haar,
dan 'salute' ek vir haar!

Wat maak oom Kalie daar?

Wat maak oom Kalie daar?
Wat maak oom Kalie daar?
Oom Kalie steek een stywe dop,
en slaan sy vrou met die besemstok.
Wat maak oom Kalie daar?

Ou tante Koba

Ou tante Koba, sy is so dom,
sy roer haar koffie met haar groottoon om.
Ou tante Koba, sy is so bly,
sy dink sy sal 'n skoonseun kry.
    Dis nie myne nie
      dis nie joune nie
dis anderman se goed waar jy om stry.

    Dis nie myne nie
      dis nie joune nie
dis anderman se goed waar jy om stry.

Lank is die seun en kort is sy pa,
mooi is die dogter en lelik is haar ma.
Dis te ver om te loop en te na om te ry,
hoe sal ek maak om die blom te kry?
    Dis nie myne nie
      dis nie joune nie
dis anderman se goed waar jy om stry.

Bo-op die berg daar staan 'n blom,
hoe moet ek maak om daar te kom?
My perd is dood en my os is lam,
dis 'n ander man se goed, waarna jy verlang.
    Dis nie myne nie
      dis nie joune nie
dis anderman se goed waar jy om stry.

Meuldraai

O! Daar was 'n ou man,
hy woon alleen,
as die wiel om kom
dan breek sy been;
hand in die sak,
pyp in die bek,
as die wiel om kom,
dan gryp hy een.

Solank as die rietjie

Solank as die rietjie in die water lê,
in die water lê, in die water lê,
solank as die rietjie in die water lê,
blommetjie, gedenk aan my.

En ek vat haar om haar nekkie,
soen haar op haar bekkie,
blommetjie, gedenk aan my.

Ek vat haar aan haar handjie,
lei haar om die rantjie,
blommetjie, gedenk aan my.

Pê, pê, tameletjie pê!

Pê, pê, tameletjie pê!
Pê, pê, tameletjie pê!
Vat jou dame styf om die lyf,
styf om die lyf, styf om die lyf!
Vat jou dame styf om die lyf!
Maak jou slag in die ou kombuis.

141

Daar kom tant Alie

Daar kom tant Alie, tant Alie, tant Alie,
daar kom tant Alie, tant Alie kom om die draai.
Tant Mieta kook stroop van die meeboskonfyt,
van die Wellingtonse suiker
van drie oulap die pond.

Wewenaarslied

Daar's die jakkals en die haas
en die muishond en die das
en die voëls in die wilkerboom;
die liewe kokkenyntjies;
die mooie liewe diertjies;
almal het maats, net ekke nie, net ekke nie.

Ek en my vroutjie

Ek en my vroutjie bly stoksiel-alleen
in die vale pondokkie wat lek as dit reën.
Vra hulle my waarom dek ek hom nie
dan sê ek: As die son skyn dan lek hy mos nie

Die Oukraal-liedjie

Jy met jou mandolientjie,
ek met my bandolientjie,
sing ons die Oukraal-liedjie saam;
sing ons van waterstrome,
slange en olienhoutbome
en 'n ribbok wat daar teen die rantjie staan.
Ons sing, ons speel
van die Oukraal wat ons nooit nie sal verveel, sal verveel.
Jy met jou mandolientjie,
ek met my bandolientjie,
sing ons die Oukraal-liedjie saam.

MANAS EN AMIE DE VILLIERS

142

Mama kook kerriekos

Mama kook kerriekos, kerriekos, kerriekos,
Mama kook kerriekos,
kerriekos vir Sondag!
En die wit perd van Calvinie,
hy loop en hy kan nie sien nie;
en die wit perd van Calvinie,
hy loop en hy kan nie sien nie.

Pollenys

Pollenys, Pollenys, jou lieflike ding,
dis om jou, dis om jou wat ek so dwing.
Ek hou my lyf so vol dingetjies,
en ek draai met die tannie met die sewe ringetjies.

Oom Jannie Pieter Groentjie om wie moet ek dink:
ek dink net aan jou – en g'n niemand meer.

Lank is die seun en kort is die pa;
mooi is die dogter en lelik is haar ma.

Die dak is van strooi, en die muur is van klei,
en elkeen wat kom – die wil daarin bly.

Hoog is die solder en laag is die vloer;
as julle opsit, gaan ons vir julle loer.

Staan, Pollie, staan

Staan, Pollie, staan,
en laat jou gedagte gaan
dat jy vir my kan sê
of jy vir my wil hê.

Sit, Pollie, sit,
en luister nou hier is dit:
As jy nog langer draai,
maak ek 'n ander swaai.

Slaap, Pollie, slaap,
as jy dan wil sit en gaap,
en droom jy's baie mooi,
net juis my regte nooi.

Loop, Pollie, loop,
en gaan vir jou trougoed koop,
en sorg jy dat dit pas,
en goed bly deur die was.

Kom, Pollie, kom,
kyk, hier's jou bruidegom;
wil jy nie met my trou,
dan trou ek maar met jou.

C. J. LANGENHOVEN

Ek soek na my Dina

Ek soek na my Dina, my Dina, my Dina;
ek soek na my Dina, die Dina van my.
O, hier is my Dina, my Dina, my Dina;
O, hier is my Dina, die Dina van my.

Ek soek 'n lemoentjie, en toe 'n pampoentjie,
presentjie vir Dina en kon dit nie kry.
'Laat staan wat daar ver is; daar's nader en beter;
gee dié maar,' sê Dina, 'gee dié maar vir my.'

Ek soek 'n jangroentjie, 'n pêrelemoentjie,
presentjie vir Dina en kon dit nie kry.
'Laat staan wat so skaars is; daar's volop en beter;
gee dié maar,' sê Dina, 'gee dié maar vir my.'

Pampoentjie, jangroentjie en pêrelemoentjie,
wat is daar op aarde dan beter te kry?
En toe kom 'n ander en gee haar 'n soentjie
en nooit weer 'n Dina, 'n Dina vir my.

VERWERK DEUR C. J. LANGENHOVEN

10.
Raaiselrympies en rymspreuke

Hier kiep-kiep! Daar kiep-kiep!
Woerts! in die hoekie.

BESEM

So groen soos gras,
so wit soos was,
so rooi soos bloed,
so suikersoet!

WAATLEMOEN

Ek kap 'n blok in hierdie land,
sy spaanders waai in anderland!

BRIEF

Al wieker, al wakker!
al oor die akker,
die dooie maak
die lewende wakker!

SWEPIE

Ek plant 'n boontjie voor my deur,
hy rank die hele wêreld deur.

PAD

Swart is die water,
wit is die land;
vyf soldate
en een kommandant.

HAND WAT SKRYF

Vier hang in die pad,
vier loop in die pad,
twee ja honde weg,
een ja vlieë weg.

KOEI

Op ons plase bont
loop daar menere rond.
Hulle het voete, maar geen hande,
hulle het monde, maar geen tande,
hulle het baarde, maar geen hare.
Hulle is aangetrek, maar nie met klere.
Wie ken hierdie menere?

HOENDERHANE

Hy is rond,
hy is bont,
hy is boepens-rond;
hy lê op die grond
en byt graag 'n hond;
hy blaas met sy bek
en maak hom dan vrek.

POFADDER

Wie suis en ruis en maak lawaai,
hoog op die dak, ver in die baai?
Wie roep dan in die skoorsteen: 'Boe!'
Wie slaan dan hek en straatdeur toe?
Wie laat op straat jou pet of hoed
so vinnig wegrol voor die voet?

DIE WIND

'Jou aardse dier, wat maak jy hier?'
'Die man van bo, die stuur my hier.'
'En as ek jou vang, wat maak jy dan?'
'Die man van bo die het jou dan.'

VIS EN WURMS

My swartkol-merrieperd
met haar kartelstert,
dit slaan op en slaan neer
en maak mistige weer.

LOKOMOTIEF

Agter in my pa se tuin
staan 'n boom met groente;
hier 'n boom, daar 'n boom,
elke boom 'n tak;
hier 'n tak, daar 'n tak,
elke tak 'n nes;
hier 'n nes, daar 'n nes,
elke nes vol eiers;
hier 'n eier, daar 'n eier,
elke eier swart gespik;
raai, raai, wat is dit?

BOONTJIESTOELTJIE

Koot van tant Leen
het 'n houtbeen;
in die houtbeen
is 'n diamantsteen;
as dit wil reën,
pyn die diamantsteen
in die houtbeen
van Koot van tant Leen.

WEERGLAS

Taai katonkel,
lekker kabonkel,
eers in die boud,
dan in die sout.

BILTONG

Arrie tiet,
Arrie tat,
vyf molle in een gat.

TONE IN 'N SKOEN

Daar onder in die vlakte
staan 'n wisterboom;
op die wisterboom is 'n wisterstok;
op die wisterstok is 'n klapperdop;
in die klapperdop is twee glasogies.

VOLSTRUIS

Intel, tintel, tonteldoos –
in die land hang daar 'n roos,
vol van hare, vol van blare –
intel, tintel, tonteldoos.

MIELIEKOP

Itjie-witjie sit op 'n hekkie;
Itjie-witjie breek sy nekkie;
die man kry honderd pond van my
wat Itjie-witjie weer heel kan kry.

EIER

Ek is 'n ronde knoppie,
ek het 'n rooi rokkie,
'n stokkie op my koppie
en 'n klippie vir 'n maag.

PRUIM

HARPER MARTINS

Duisend klein meisies met
rooi rokkies aan,
woon almal lekker in 'n
groen huisie saam.

GRANAAT

Dis groen
as dit nog gras is,
maar wit
as dit wei teen die heuwelhang.

En as dit gewas is,
nog witter
en sag
teen die baba se wang.

Wat is dit?

WOL

FREDA LINDE

Daar vlieg 'n voël oor Griekwa-Wes,
met ses-en-twintig eiers in haar nes.

DIE ABC

Daar's 'n ding
wat blink
en knip en wink
en lag en rondrinkink;
ek sou ook so wou blink
en knip en wink
en lag en rondrinkink,
soos daardie ding
wat blink
en knip en wink
en lag en rondrinkink.

STERRETJIE

Elke man het sy eie huis,
elke huis het sy eie vrou,
elke vrou het sewe kinders,
elke kind het sewe rokke,
elke rok het sewe plooie,
in elke plooi sit sewe vlooie.

GRANAAT

Dit groei in die broek,
dit bloei in die broek;
die jongmense gaan dit in die tuine soek.
Die oumense eet dit graag,
maar hulle kan die gerommel en gestomm
tussen hulle tande nie verdraag.

OKKERNEUT

148

Raai raai rensie:
toegewerkte pensie,
eier met 'n pit.
Raai wat is dit?

Ek hoor 'n dor, 'n doer, 'n draai,
ek sien iets aankom oor die baai,
iets met twee vlerke en 'n lyf,
en al die tyd is hy stokstyf.

Meneer van Nelle
het baie velle.
Al dop jy hom af,
jy kry net velle.

Eers groen soos gras,
dan geel soos was,
dan oud en styf
met 'n band om die lyf.

Ek maak my vuurtjie hier
en ek braai my worsie daar.

Houtesleutel, waterslot,
die haas daardeur
en die hond kapot.

Abel slaan vir Kain dood,
Set skree hoera!
Eva gryp die besemstok
en sit die spul agterna.

Hom stertjie staan hom stiek hom sta,
hom neusie staan hom wiek hom wa,
hom paadjie gaan hom so hom so,
hom stemmetjie gaan hom oe-oe-oe.

Hy leef en hy loop,
hy is ongedoop;
hy hou van geen troue
maar het baie vroue;
saam met Noag in die ark,
naby Petrus in die straat;
hy het 'n kroon op sy hoof
waar die hele wêreld aan geloof.

149

Raai, raai, riepa!
Geel is my piepa,
groen is my doedelsak
waar my piepa aan hang.

GEELWORTEL

Klein Pieter Potter-pote,
beentjies oormekaar;
klokkies hang van buite,
sambokkie hang ook daar.

KALKOEN

In marmermure skoon en wit,
sag uitgevoer met sy is dit;
daar is 'n bron glashelder klaar,
'n goue appel ook is daar;
daar is geen deur van staal of hout,
tog, rowers steel die kosbaar goud.

EIER

Agter my vader se huis
staan 'n koperhuis;
die armes kom en gaan daarin;
die rykes steek hul brood daarin.

HEUNING

Twee wit perde staan op stal,
blinkbruin word hulle uitgehaal.

BROOD

Sy ysterneus die vreet die land;
sy houtestert die vreet die hand.

PLOEG

Ek het 'n diertjie
met 'n koppie en 'n nekkie,
twee ogies en 'n bekkie,
lyfie sonder pootjies,
karossie sonder naatjies.

VLERMUIS

Ek het 'n vierkantige kamer;
in elke hoek sit 'n kat;
voor elke kat sit 'n kat;
op elke kat se stert sit 'n kat.
Hoeveel katte is daar in die kamer?

VIER KATTE

Turksvydoring, kaggelstok,
hy woon in 'n kaiingsgrot.

YSTERVARK

My pa het 'n perd,
hoe verder hy ry,
hoe langer word sy stert.

'N ROL DRAAD WAT AFGEROL WORD

Wonder bo wonder,
sonder stut daaronder,
fondament van bo
en dak van onder.

SWAELNES

Hoppies galoppies,
tien lintstukkies,
gelinnebaadjie.

YSTERVARK

Ek erf 'n huisie van God –
hy is so dig soos 'n pot;
ek sleep hom soos 'n slee
oral met my mee;
en lê ek eens my lewe af,
dan is my huisie ook my graf.

SKILPAD

Geel kanarie
tjiep, tjiep;
eiers in hierdie sak,
dan in daardie sak.

GELD

Daar staan 'n man, hy raak tot bo in die lug;
'n ander groter man, die dra hom op sy rug;
die man het wel 'n pyp, maar geen twaksak;
sigare rook hy nie en regtig ook geen twak.

SKOORSTEEN

Kriekie sing,
kriekie kring,
kriekie draai,
kriekie swaai,
kriekie mooi,
soms ook rooi,
kriekie dans,
soos mal ou Hans.

TOL

Gekirtel en gekartel,
bonter as 'n bok,
lyk soos 'n vrou
met 'n konka op die kop.

TARENTAAL

Daar is 'n bont voël van papier,
tot menig kind se groot plesier;
hy het g'n stert en ook g'n vlerk;
hy het g'n oog en ook g'n bek;
tog vlieg hy altyd hoër op
as die hoogste toringtop.

VLIEËR

151

Sy jas is swart, sy nek is krom,
sy arms veel, sy stem is stom,
sy rok is wyd, sy lyfie skraal,
hy dien jou net in die wêreld vaal.

SAMBREEL

Sy hoed is plat, sy magie hol;
voor die werkers eet, is sy maag al vol;
hy het net drie pote – nie ene meer,
hy staan in die vuur maar kry nie seer.

DRIEPOOTPOT

My ma het 'n perdjie
met 'n sekelstertjie;
verwag hy iemand,
staan hy en rittel.

KOFFIEKETEL

Bedags toebek,
saans oopbek.

SKOEN

As ek koud is, beteken ek niks;
as ek warm is, werk ek fluks.

STRYKYSTER

Hom krom koppie,
hom lies met gaatjies,
hom vier dermpies,
hom vat hom stokkies,
hom roer hom dermpie,
hom skree soos 'n doringbesie.

VIOOL

Pompernel en pompernel;
hoe meer ek pompernel,
hoe meer dit swel.

BROOD KNIE

Rooiblom stoot vir Swartblom;
Swartblom stoot vir Witblom;
Witblom spring oor die muur.

POT MELK WAT OORKOOK

Kort Jan het Lang Jaap uitgedaag
om op 'n lang baan te gaan reisies jaag;
gelyk spring hul toe weer weg,
maar Kort Jan vaar 'n bietjie sleg;
toe Lang Jaap reeds by sestig pyl,
kom Kort Jan by sy vyfde myl.

HORLOSIE

Waar klein Griet loop,
daar is dit plat;
waar sy trap,
daar is dit glad.

STRYKYSTER

152

Maak my dood, dan leef ek langer,
laat my leef, dan sterf ek gouer.

KERS

Daar ry 'n man oor die brug –
hy jaag honderd beeste en twee bokke
voor hom op die veld aan.
Hoeveel voete gaan daar oor die brug?

TWEE VOETE

Ek ken 'n dammetjie;
rondom die dammetjie
is spierwit klippertjies;
in die middel
swem 'n rooi vissie.

MOND

Sewe eikebome, ge-eik en ge-es.
Jy sal dit nie raai
al kom jy met jou vyf en ses.
As jy dit kan raai,
sal ek vir jou 'n hoender braai.
As jy daaraan dink,
sal ek 'n glasie wyn skink.

SEWESTER

Krom-krom, waar gaan jy heen?
Jy loop sonder voete en sonder 'n been.
Dikkop, langhaar, dit traak jou nie, hoor;
ek loop dag en nag my eie paadjie
en kom daar niks van oor.

RIVIER

Twee stillestaners;
twee verreganers;
twee niemandsvriende.

HEMEL EN AARDE, SON EN MAAN, LEEU EN TIER

In die berg sit 'n gat,
oor die berg loop 'n pad,
oor die pad loop 'n bul;
die bul brul, sy binnegoed dril.

KITAAR

Hom krimp hom in, hom rek hom uit,
hom skree soos 'n bamboesfluit.

KONSERTINA

Jannetjie, Jannetjie, kiep-kiep;
hy trap die water diep-diep;
hy klim die berg so hoog-hoog;
hy kyk die wêreld met een oog.

DIE SON

Al is ek niks, sien almal my;
al loop jy vinnig, bly ek by;
ek dans, ek speel, ek dartel mee;
nogtans kan niemand my iets gee.

SKADUWEE

Grietjie Gordyntjie gaan op en gaan neer;
Grietjie Gordyntjie gaan weg en kom weer.

MISTIGE WEER

Daar kom 'n wit bokkie uit anderland
en hy verniel die boer se koringland.

HAELSTORM

Krom en geboggel,
wonderlik geskape.
Wie dit kan rade,
kan vannag by my slape.

REËNBOOG

Dit is helderwit van kleur
en het geen smaak of geur,
hoog in die lug gebore,
gaan op die grond verlore;
eers dwarrel dit rond,
rus dan op die grond;
koud is dit van natuur,
en meestal kort van duur.

SNEEU

Biesie, biesie, bame,
ek druk my lippe same;
knyp my keel
van sag ferweel,
dan skrik jy vir my grote gaap;
dis nes 'n leeu wat wil gaan slaap.

LEEUBEKKIE

Hom sonder draad,
hom sing en praat,
hom raas in donderweer.

RADIO

Harige sak,
sapperige koring,
vies om te vat,
maar lekker om te eet.

TURKSVY

So wit soos was,
so groen soos gras,
Geel Piet staan in sy manteljas.

VARKOORBLOM

Ysterboom en 'n silwerblaar;
kopervoël eet hom jaar vir jaar.

SNEEU

Inkie ankie,
onder die bankie;
tien trek vier.
Wat is dit?

EEN WAT MELK

154

Hom is sambreel
en hom is wit,
hom is 'n ding
waar kwakers opsit.

PADDASTOEL

In die lente verkwik ek jou;
in die somer beskut ek jou;
in die herfs voed ek jou;
in die winter verwarm ek jou.

BOOM

Jan Wiep en Jan Wap:
Jan Wap het 'n kappie op sy kop.

AKKER EN APPELLIEFIE

Ek eet,
aan my eet,
bo my eet,
onder my eet.

'N VROU MET 'N BABA OP 'N MUIL ONDER 'N BOOM
SY EET, HAAR BABA DRINK, DIE MUIL VREET GRAS EN
DIE VOËLS EET DIE BESSIES VAN DIE BOOM

Daar kom ou Elias op die blou pad aan;
hy seil op sy maag en het 'n wit jas aan;
vyf Japannese en 'n krom kalbas,
strykstok waar geen hare aan was.

SKIP

Ek het 'n hondjie,
met 'n lang stertjie;
trap sy stert in Afrika,
dan blaf hy in Amerika.

TELEFOON

Twaalf maande heef 'n jaar,
en waarom dan maar ses?
Wit kantoortjie toegesluit,
en waarom dan 'n gat?

IEMAND HET LAAN DIE DOSYN DINGE IN
'N TOE SKOENDOOS SES GESTEEL.

BOERNEEF

Daar staan 'n boom met sewe pere,
toe kom daar sewe here.
Elk pluk 'n peer,
maar daar bly tog nog ses pere!

ELK WAS DIE NAAM VAN 'N MAN

Tweebeen neem geenbeen,
lê geenbeen op vierbeen;
toe kom vierbeen
en neem geenbeen.
Slaan tweebeen,
geenbeen van vierbeen!

'N PERSOON LÊ 'N VIS OP DIE ROOSTER
WAAROP 'N HOND DIT BEETPAK

Wat gee die vader vir die seun
wat hy vir die dogter leen?

'N VAN.

Wat spel?

Wat spel Meraai du Preez?
    'n Swart kraai spel Meraai,
    'n bottel of twee spel Du Preez.

Wat spel Piet Koen?
    Vink op 'n riet spel Piet,
    'n boerpampoen spel Koen.

Wat spel Alet Jordaan?
    'n Soldaat sonder pet spel Alet,
    'n hoender wat op een been staan, spel Jordaan.

Wat spel Jan Uys?
    'n Pot en 'n pan spel Jan,
    'n langstertmuis spel Uys.

Wat spel Miem Rademeyer?
    'n Stoel en 'n riem spel Miem,
    'n ratel en 'n reier spel Rademeyer.

Wat spel Frikkie van der Vyver?
    'n Stokkie met 'n mikkie spel Frikkie
    en 'n stokkie nog een maal stywer spel Van der Vyver.

Wat spel Gert Olivier?
    Tert op 'n perd spel Gert,
    'n olieboom langs 'n rivier spel Olivier.

Wat spel Kootjie van Tonder?
    Vulletjie se pootjie spel Kootjie,
    die hoefie daaronder spel Van Tonder.

Een is in katjie, maar tog nie in kat,
twee nie in droog nie, maar wel, ja, in nat,
drie is in bang en ook in benoud,
vier nie in silwer, maar weliswaar in goud,
vyf is in akker, maar tog nie in morg,
ses is in kommer en ook wel in sorg,
sewe in bloedrooi, maar nimmer in geel,
agt is in halwe en ook in geheel.
My woord is 'n sekere maand van die jaar
wanneer kinders vakansietyd lekker baljaar.

JANUARIE

ELIZABETH VAN DER MERWE

Een is in venster, maar glad nie in ruit,
twee is in praat ja, maar nimmer in fluit,
drie is in nar en ook hanswors daarby,
vier sal jy twee maal in kruidenier kry,
vyf is in ink, ja, maar nie in 'n pen,
ses in 'n hoender en ook in 'n hen,
sewe in bees, ja, maar nie in 'n vark,
agt is in gieter, maar nie in 'n hark,
nege in esel, maar nie in 'n muil,
tien sal wel twee maal in Clocolan skuil,
elf is in beker en ook in 'n kan.
My geheel is die naam van 'n sekere man
wat geland het in toeka se tyd aan die Kaap.
Kom raai nou, my kinders, geeneen is 'n swaap!

VAN RIEBEECK

ELIZABETH VAN DER MERWE

Die ridder en sy raaisels

Ek wil jou iets vra, o jonkvrou fraai,
dan trou ek met jou as jy reg raai.

Watter boom is sonder blare?
Watter pad is sonder grens?

    Die den dra naalde plaas van blare.
    Die melkweg buig na God se wens.

Waar vind jy 'n koning sonder land?
Waar vloei daar soms water sonder sand?

    'n Speelkaart wys 'n koning sonder land,
    betraande oë stort soms water sonder sand.

Waar kry jy vlamme sonder gloed?
Waar steek 'n skerp mes sonder lem; dink goed?

    'n Vuur op skilderdoek is koud,
    jou afgebreekte lem steek in die hout.

Jy is, jonkvrou, die slimste in die land
daarom vra ek jou hand.

    Is dit ál raaisels wat u my kan vra?
    'n Dom man sal ek nooit nie kan verdra.
    Mý man moet slimmer wees as ek;
    u moet maar sonder my vertrek.

GEWYSIG DEUR M. O.

Rymspreuke

Kruis en kroon

Eers kruis, dan kroon,
eers werk, dan loon.

Eers stryd, dan rus,
eers storm, dan kus.

Eers nag, dan dag,
eers huil, dan lag.

Eers kneg, dan heer,
eers smaad, dan eer.

Dit is die wet,
deur God geset;
en hierdie weg
alleen is reg.

JAN WAT VERSIES MAAK

Al dra 'n aap 'n goue ring,
hy is en bly 'n lelike ding.

Klein begin,
aanhou win.

Dis die laaste sien
van die blikkantien.

Boontjie kry sy loontjie.

Die een se dood
is die ander se brood.

Die bruid is in die skuit,
nou is die mooipraatjies uit.

Donkerwerk is konkelwerk.

O droefheid op note,
ek staan op eie pote.

Stille waters diepe grond,
onder draai die duiwel rond.

Erfgeld is swerfgeld.

Hoe groter gees,
hoe groter bees.

Elke gek
het sy gebrek.

Geld wat stom is,
maak reg wat krom is.

Geleentheid gee geneentheid.

Hoe geleerder,
hoe verkeerder.

Gesondheid in die rondheid,
mooi meisies in die blomtyd.

Die gewente maak die gewoonte.

Hoe kaler jonker,
hoe groter pronker.

Goedkoop is duurkoop.

Haai is in die see
en jy daarby is twee.

Eie herd is goud werd.

Van die hak op die tak.

Van die hand na die mond,
val die pap op die grond.

Ek is so oud soos my hande,
maar nie so oud soos my tande nie.

Die deler is so goed soos die steler.

'n Hennetjie wat kraai,
word die nek omgedraai,
en 'n meisie wat fluit,
word die deur uitgesmyt.

Met die hoed in die hand,
kom jy goed deur die land.

Twee honde om een been,
die derde loop daarmee heen.

'n Ou kalant,
lank in die land.

Kinders is 'n seën van die Here,
maar hulle hou die mot uit die klere.

Jy sien hom voor die kop,
maar glad nie in die krop.

Eers die koutjie,
dan die vroutjie.

Hoe later, hoe kwater.

Woorde wek,
maar voorbeelde trek.

Al loop die leuen nog so snel,
die waarheid agterhaal hom wel.

Die son in die weste,
die luiaard op sy beste.

Ek meneer
en jy meneer,
wie sal dan
die wa wil smeer?

Die mens wik,
maar God beskik.

Mooi vergaan,
maar deug bly staan.

Die môrestond
het goud in die mond.

'n Pak op sy tyd
is soos brood en konfyt.

Peper en koljander,
die een is soos die ander.

Klein van persoon,
maar groot van patroon.

Plesier is nes 'n jong komkommer,
as jy hom pluk, verlep hy sommer.

Wie nie saai nie,
sal nie maai nie.

Wie nie pas op sy tyd,
is sy maaltyd kwyt.

Sommer is geen rede,
skilpad dra geen vere.

11.
Snelsêers en op-die-ketting-blaas

Die kat die krap
die timmerman
se krulle van die trap.

Tant Griet, wat word
dan tog van Tol
as Tol nou al
so in die rietpol rol?

My ma saai slaaisaad,
my ma saai saaisaad.

Polinie palop
die perd galop
die hoogte op.

My meul maal môre meel,
môre maal my meul meel.

Die kok die kook
die bok se kop
in die koperpot.

My liewe neef Louw,
my neus jeuk nou.
Jeuk my liewe neef Louw
se neus ook nou?

Brei jy, bly jy, brou jy,
gly jy, gryp jy, grou jy?

My pa draai drie rolle draad.
Draai jou pa ook drie rolle draad?

Rooi beetblaar, rooi bloedblaar, rooi bladblaar.

Jan pak 'n kis;
ek pak 'n kis.
Onder sit 'n man
die kiste pakke kan;
bo sit 'n vrou
die kiste pakke wou.

Daar trek 'n hasie

'Daar trek 'n hasie,'
sê Jan Visagie.
'Skiet! Skiet!'
sê oom Piet.
'Dis te kort,'
sê Dirk Delport.
'Dis oor die rantjie,'
sê sus Antjie.
'Dis in die spruitjie,'
sê nig Truitjie.
'Dis mis!'
sê neef Kris.
'Dis deur sy stertvelletjie,'
sê ouma Nelletjie.
'Dis raak,'
sê oupa Vermaak.
'Sit hom in die pot,'
sê Hans Ballot.
'Braai hom gaar,'
sê Gert Devenaar.
'Dit smaak lekker,'
sê Piet Bekker.

Die duiwel druk die domme donkie dwarsdeur die driedubbele doringdraad
dat die domme donkie dwarsdeur die driedubbele doringdraad dwars draai.

Doors dink daar's drieduisend duisendpote deur die dooi see.

Sannie Swart sien sewe swart slange seil sonder sewe sterte.
Sannie Swart sien sewe swart slange sonder sterte seil – sy sê sy seil saam.

Vierhonderd ronde aartappels rol oor vierhonderd ronde solders.

Wie weet waar Willem Wouter woon?
Willem Wouter woon waar Wies wasgoed was.
Wie weet waar Wies wasgoed was?
Wies was wasgoed waar warm water wyn word.
Wie weet waar warm water wyn word?
Warm water word wyn waar westewinde waai.
Wie weet waar westewinde waai?
Westewinde waai wes.

Janke Malanke

Die bloedrooi kapokhaan

Die bloedrooi kapokhaan van Vandaan
was 'n vorentoe haan,
maar tog nie haandievoorste.
Hy pik 'n pit,
die iddelfitpit,
hy dag dit was 'n mieliepit,
maar toe is dit 'n sikkepit:
die iddelkieliefiddelpit,
byna kry hy die ritteltit
van die iddelfiddelampermieliepit,
so amper was sy keel uit lit,
hy sluk en sluk aan die vassitpit,
daar glip en gly die fiddeliddelsikkepit –
in is die iddelsikkepit.

By Clocolan
op die ou wabrug
staan 'n smous
met boggelrug,
en sy naam is Janke Malanke
Lang-Klaas Franke,
en hy verkoop
eikehoutplanke.
Vriende, pas op:
wie eikehoutplanke
koop van Janke Malanke
Lang-Klaas Franke
is gefop,
want die eikehoutplanke
van Janke Malanke
Lang-Klaas Franke
is verrot.

BOERNEEF

GEWYSIG

Die bul

En Jan en San
en Leen en Seun
en Piet en Griet
en Roos en Koos
en Tryn en Tien
en Jors en Sors
en Jaap en Mien
en Es en Bes
en Koot en Loot
en Daan en Faan
en Spaas en Naas
en Boet en Toet
en Klaar en Sien
en Saar en Drien
en Gert en Klaas
speel op die plaas.

Daar kom 'n bul,
hy blaas en brul.
Nou moet jy sien:
die drie maal tien
is deur die draad –
die bul is laat.
Hy raas en blaas,
skop wolke op.
Maar van die kinders,
drie maal tien,
is niks te sien!

A. FOUCHÉ

Klein Karel Kraan

Klein Karel Kraan van ou Karel Kraan
klits die koggelmanners
op die klippe op die klipkoppie in die klipkamp
met sy karwats
met die koperknopsteel
skaam jou karnallie van 'n klein Karel Kraan
van ou oom kaalkop-Karel Kraan
om die klompie koggelmanners
op die klippe
op die klipkoppie
in die klipkamp
so te klink en te klits
met jou karwats
met die koperknopsteel.

BOERNEEF

Akkerdis en dikdys

Akkerdis en dikdys
skoor in die skeur
van Baliesgat by Ysterplaat
tant Akkel praat
oom Dik word kwaad
en slaat
die atjarflessie vir die basaar
tot wieweetwaar
pollenys dikdys
wikkewis akkerdis
geef liewer mekanner die regterhand
in die skeur van Baliesgat by Ysterplaat.

BOERNEEF

164

Drie juffroue

Drie juffroue wandel oor 'n swik-swak bruggie,
die eerste heet vrou Bieba,
die tweede, vrou Bieba de Bibber de Binka;
die derde, Fransina de Nikker de Knikknak.
Vrou Bieba neem 'n steen
en smyt dit teen
vrou Bieba de Bibber de Binka se been,
sodat vrou Fransina de Nikker de Knikknak daarvan ween.

Rooilevintel

Rooilevintel om te sprinkel
in oom Tooi se hansdierwinkel.
Elke dier het sy plesier,
elke dier sy geur en gier
in hierdie stinkelhansdierwinkel,
in hierdie arkerige hansdierwinkel
waar oom Tooi levintel sprinkel.

BOERNEEF

Kerieding keromgou

Kerieding keromgou
hou hom toe in die mou
laat Brabanner se boklam allenag wei
   die môre oppiedou
   die môre oppiedou
boklam se ding die pyn is in my sy.

BOERNEEF

Bobbejaan loop in die straat

Bobbejaan loop in die straat
en hy het 'n stok
dis 'n koggelstok
en hy koggel
en hy roggel
met sy koggelstok
met sy roggelstok
sy rug het 'n boggel
oppie boggel
sit 'n moggel
en hy koggel
en hy roggel
met die moggel
op sy boggel
tag so 'n boggembobbejaan
hoera vir die boggelbobbejaan.

BOERNEEF

Praat van die ding

Praat van die ding
daar's pitte in
ja maar van watter ding
en watter pitte is daarin
van dingesseding
kattarangghangghing
en lemoenspaanpitte wat spring
oor die riem oor die tou deur die kring
hussemetlangore is die nimlike ding
met pitte daarin
wat nagmerries vir die agies bring
met spikkelbont kattarangghangghing.

BOERNEEF

My waentjie

Die as van my wa is 'n pendoorn droog,
en die wiele van waatlemoen;
en die buikplank glad is 'n blink stuk blik
wat skitter teenoor die groen.
Ek trek my wa met 'n kawelgaar
wat ruik soos winkelteer,
en ek ry transport langs die rooi tapyt
van die rusbank heen en weer.
Die leuningstoel is die stasie waar
ek die vragte kiste kry,
en die deur se drumpel uitspanplek
waar my trekgoed rustig wei.

C. LOUIS LEIPOLDT

Ryme op trekosse

Engeland, Skotland
Holland, Friesland
Zeeland, Duitsland
Lapland, Rusland
Rooiland, Ierland
Dorsland, Swartland
Koringland, Boland!

Rooiberg, Potberg
Tierberg, Platberg
Koeberg, Blouberg
Losberg, Brandberg
Winterberg, Warmberg
Colesberg, Biggarsberg
Skurweberg, Drakensberg
Witzenberg, Waterberg!

Soetveld, Suurveld
Lelieveld, Bosveld
Brakveld, Sandveld
Mooiveld, Doringveld
Koringveld, Duineveld
Jammerveld, Ryneveld
Slangveld, Bokveld!

Kwaaiman, Makman
Voorman, Boesman
Roman, Stuurman
Moorman, Kruisman
Landman, Akkerman
Toorman, Koopman
Blesman, Spierman
Duusman, Opperman!

D. J. O.

Klei-osse

Kyk tog hoe staan die span
almal vet en glad!
Ons is drywers, ek en Jan,
elkeen met 'n lat.
Twintig rooies op 'n ry,
langs die watersloot,
almal van die beste klei,
almal fris en groot.
Swartland het 'n skewe kop,
en sy been is af.
Sit 'n stukkie klei daarop –
So! Laat nou maar draf!
Sikspens, komaan, roer vir jou!
Bring die jukke gou!
Laai die mielies, vat die tou,
ons gaan mark toe nou.

JAN F. E. CELLIERS

My suurvy-span

Hot-os is Vaalpens hierso,
die luiste van die lot;
haar-os is slim ou Slinker,
geel soos 'n bergamot;
hy's oud en styf en stadig,
want hy's al weke oud,
gesny toe die veld nog groen was,
maar 'n os so goed soos goud.
Voor loop Bles en Bontstert,
altwee eersteklas,
maar Bles is verbleek deur die droogte
en nie meer wat hy was.

C. LOUIS LEIPOLDT

Hang die kristaldruiwetros

Hang die kristaldruiwetros
agter die pappelierbos
duskant die kerkhof
en die kettangsteek in die druiwetros
aljanneraljanner al deur die bos
wiet dan gesê dis die spoke se kos
wie weet miskien is die duiwel los
en korrel stilletjies aan die druiwetros.

BOERNEEF

Die trotse boerin

Pikkepen heet my hen,
Waggeldans heet my gans,
Bonterok heet my bok,
Op-die-mark heet my vark,
Stoot-en-loei heet my koei,
Goudwerd heet my perd,
Drawwerond heet my hond,
Vlerkeslaan heet my haan,
Vul-my-vuis heet my muis,
Welkom Tuis heet my huis,
Vroeg-en-reg heet my kneg,
Diepbemind heet my kind,
Welgedaan heet my man.

Nou ken jul elke mens en dier
wat woel en werskaf met plesier
op my goeie werf en in my huis
wat steeds heet: Welkom Tuis.

VERWERK DEUR M. O.

Na Aasvoëlberg

Veertien rooi-bontes voor die wa,
sewe van haar pa en sewe van haar ma;
die hotagter heet Afrika,
die haaragter sal die disselboom dra,
die hot-op-vier die heet Napier,
die haar-op-vier die trek soos 'n tier,
die hot-op-ses is die rooie met 'n bles,
die haar-op-ses die doen sy bes,
die hot-op-ag die beur met mag,
die haar-op-ag die breek sy krag,
die hot-op-tien het sy voer verdien,
die haar-op-tien die trek miskien,
die hot-op-twaalf is die rooi koei se kalf,
die haar-op-twaalf het die strop om die hals,
die haar-heel-voor heet Pad-Verloor,
maar die hot-heel-voor die heet Majoor!
Langs die wa loop die vaalhaarpa,
voor in die wa sit die swartoogma,
maar binne op die kooi sit die krulhaarnooi!
Die son gaan onder agter Aasvoëlberg,
daar waar 'n kêrel nog baie kan erf!

GEWYSIG

By die pomp

By die pomp op Boplaas
by Albani se drinkvat
aan die kant van die watergat
krap die krappe krap die krappe
die groot krappe die klein krappies
die klein krappies die groot krappe
krap die krioelende krappe
aan die kant van die watergat
by Albani se drinkvat
by die pomp op Boplaas.

BOERNEEF

12.
Bieblebom

Bieblebomse berg

Hier is die sleutel
van die Bieblebomse berg:
op die Bieblebomse berg
staan 'n Bieblebomse huis,
in die Bieblebomse huis
woon Bieblebomse mense,
en die Bieblebomse mense
het Bieblebomse kinders,
en die Bieblebomse kinders
eet Bieblebomse pap
met 'n Bieblebomse lepel
uit 'n Bieblebomse bak.

Vensterkopery

As ek maar net 'n vyfsent het,
dan voel ek darem bly.
Vir vyf sent kan jy baie koop,
ja, alles kan jy kry.

'n Loodsoldaatjie, baie mooi,
'n doos van lekkers vol,
vyf groot albasters of miskien
'n nuutgeverfde tol.

'n Boot wat in die water gly,
'n vlaggie om te waai,
'n klein ou motorkarretjie,
'n haantjie, wat kan kraai.

As ek maar net 'n vyfsent het,
dit alles kan ek koop;
maar ek het net één sent . . .
Ek moet maar huis toe loop!

BESSIE SCHWARTZ

Die dwergie

Onder in my pa se tuin,
by die boom se stam,
sit 'n snaakse mannetjie
sy lang baard en kam.

'n Dwergie is hy, baie klein,
maar seker regtig oud,
wat elke nag met pik en graaf
daar grawe vir sy goud!

HELENA J. F. LOCHNER

Die goue sleuteltjie

As ek 'n goue sleuteltjie
in die hande kry,
dan sluit ek al die koutjies oop
en laat die voëltjies vry.

Ek sluit ook ons ou koskas oop,
waar Ma die koek in hou,
en allerhande lekker goed,
waaraan ek graag wil kou.

Maar ons skooldeur sluit ek toe!
So styf as jy kan dink –
die sleutel gooi ek in die see
om diep daar weg te sink!

HELENA J. F. LOCHNER

Ek wens

Ek wens ek kon 'n fietsie kry,
dan sou ek tog so lekker ry.
Maar Mamma sê ek moet nog wag:
my fietsie kom 'n ander dag.

Die ander kinders ry verby.
Hul draai dan om en waai vir my.
En ek moet daar allenig staan
en kyk hoe hul verby my gaan.

Maar wag tot ek my fietsie kry,
dan sal ek ry en ry en ry!
As ek verbyskiet om die draai,
sal ek nie omkyk nie, of waai!

MAVIS DE VILLIERS

Akkedissterte

'n Akkedis op 'n warm klip,
is altyd bang vir my.
Hy weet hy sal sy stert verloor,
as ek hom daaraan kry!

'n Akkedissie sonder stert,
slaap nooit nie in die nag.
Hy kruip daar rond en soek sy stert,
al soek hy ook tot dag.

Maar saans raak ek net in die nood,
ruk kussings gou opsy,
want daar soek akkedis sy stert –
hy loer en wag vir my!

HELENA J. F. LOCHNER

Sê nou

Was heel die wêreld van papier,
die see net pure ink,
en wag-'n-bietjie was van kaas,
wat sou ons dan kan drink?

Die seekoei is 'n snaakse voël,
hy vlieg van tak tot tak,
hy rus uit op 'n mieliestronk,
en pruim die leeu se twak!

ANONIEM

Husse met lang ore

Wie kan my sê wat Husse is –
Husse met lang ore?
En juis hoe lyk die snaakse goed?
Waar kry mens hulle spore?
Word hul miskien in Husseland,
of in die maan gebore?
Moet mens hul in die maanlig soek,
of vroeg, vroeg in die môre?
Ek vra en vra, maar tevergeefs,
my moeite gaan verlore –
al antwoord wat ek altyd kry
　is
　　Husse
　　　met
　　　　lang
　　　　　ore!

ELSA NIEMEYER

171

Lekkers

Daar is baie lekker lekkers
op die winkelrak,
as ek hul sien dan wens ek ook
vir sente in my sak.

Oompie is so lief vir my,
bring lekkers in 'n pak;
maar daardie klontjies wat hy gee,
smaak net soos sy tabak.

HELENA J. F. LOCHNER

Die paddastoel-huisie

In 'n paddastoel-huisie
met 'n steeltjie van bruin
bly daar klein ou feetjies,
in die hoek van ons tuin.

Ronde dakkie van wit
en die skoorsteentjie rooi,
met 'n deurtjie van groen.
Ai, dis alles so mooi!

Daar's gordyntjies so bont
en tapytjies gestreep.
In die badkamertjie
is 'n handdoek en seep!

En al lank bly hul daar,
maar nie een kan dit raai –
dis net ekke alleen
wat hul rokie sien draai.

BESSIE KOTZÉ

Die twee muise

Hy was 'n muis en sy was 'n muis,
hul woning 'n gat in die vloer.
Hy slaap bedags en sy slaap bedags,
maar snags kom hul uit op die loer.

Hy had 'n neus en sy had 'n neus . . .
ja, êrens was heerlike kaas!
Hy gaan toe kyk en sy gaan toe kyk
en gou-gou was hulle daarnaas!

Hy kry toe lus en sy kry toe lus
om 'n hongerige magie te vul.
Hy het geruik en sy het geruik . . .
hul maak hul nou klaar om te smul.

Hy het geproe en sy het geproe,
maar net toe hul snoetjies dit raak,
sit hy in die val en sy in die val,
en dit was die end van die saak!

THEO W. JANDRELL

Oupa en Ouma

Oupa is al baie oud;
heeldag op die stoep
sit hy met sy lang pyp
tot Ouma hom kom roep.

Ouma is ook baie oud;
sy dra 'n swart syrok,
sy loop so stadig, baie krom,
en leun op haar ou stok.

HELENA J. F. LOCHNER

Wouter Wysneus

Wouter Wysneus wil altyd weet –
wil weet of spoke spanspek kan eet,
of 'n kolonel tot tien kan tel,
en hoe diep is 'n dam van twaalf voet breed.
Het die son 'n kombers as hy saans gaan slaap?
Wat maak die rivier as sy mond wil gaap?
Kan 'n beker hoor met net één oor?
Hoekom lyk oom Daantjie dan net soos 'n aap?
Wouter wil weet waar kom die windjie vandaan,
of die vuurtjie wat dood is ook hemel toe gaan.
Hoekom is 'n vis nié 'n akkedis?
En wié kook die kos vir die man in die maan?
Dis hoekom? en waarom? en wanneer? en wie?
En hóé is daar? en wat is dié?
Van vroeg in die dag tot laat in die nag:
'Ag, Mammie, maar wáárom weet Mammie dan nie?'

M. HORN

Oupa se motor

Oupa het 'n motorkar,
sy enjin snork en blaf;
as Oupa op die toeter druk
dan spring sy voordeur af.

Maar Oupa is gelukkig
as hy die petrol trap –
hy kom nooit eens agter
die agterwiel is pap.

RONNIE BELCHER

Dit kom daarvan

Jantjie Pantjie dik en fris
vang die bal maar slaan dit mis;
Kootjie Pootjie lag hom uit,
slaan dit self en breek die ruit.

Flippie Snippie gaan vertel,
stap die hoek om ewe snel,
sien vir Griet nie met haar kom –
kry die water bo-oor hom!

WINNIE MALAN

Worteltjie-Wil-Nie

Ou mammie Wortel woon in 'n huisie,
voorkamer, slaapkamer en 'n kombuisie;
met 'n hond en 'n kat, en 'n klein, klein muisie,
en Worteltjie-Wil-Nie.

Ou mammie Wortel is so goed en sag,
met rooi, rooie wange, en oë wat lag;
en ou mammie Wortel werk hard elke dag
vir Worteltjie-Wil-Nie.

Hard werk ou Mammie om geld te verdien,
maar seuntjie is lui, dit kan elkeen sien.
'Ag, Wortie, gaan bring nou die wasgoedjies in.'
Maar Worteljie wil nie.

'Wortie, my seuntjie, kom eet nou jou pap;
met melkies en suiker en glad nie te slap.
Kom gou-gou, jy moet nog die houtjies gaan kap'-
maar Worteltjie wil nie.

Dis Sondag, en Mammie roep: 'Wortie, gaan was,
gaan trek aan jou baadjie – dit hang in die kas.
En kam dan jou hare, en bind om jou das.'
Maar Worteltjie wil nie.

'Ons sal,' sê die bure, 'ons tyd nie verspil nie
met so 'n stout seun, wat kan – maar nie wil nie.
Ou Worteltjie, Worteltjie, Worteltjie-Wil-Nie,
hy kan – maar hy wil nie!'

Worteltjie-Wil-Nie word eers baie kwaad,
toe weer verdrietig, en nou soek hy raad;
en reguit na Hasie, sy troue ou maat,
gaan Worteltjie-Wil-Nie.

'Omie, 'seblief tog, is ek dan so stout?
Ek wil, maar ek wil ook nie – wat is die fout?
Ek het niks lus vir wasgoed en water en hout,
Ag, Omie – ek wil nie!'

As Pappie kom

Ek kruip vinnig weg
as Pappie huis toe kom.
Agter die donker deur
wag 'n soen vir hom.

Saggies kom hy nader,
sy hoed wil hy daar hang;
maar voor hy weet, het ek hom
om sy nek gevang!

Nou sit hy in sy stoel,
mooi broodjies moet ek bak;
want hoe kry ek my lekkers
uit daardie baadjiesak?

HELENA J. F. LOCHNER

Oom Hasie die vrywe sy ou klapperdop:
'My kind, ek is oud, en my raad byna op.
Maar staan nou twee uur aaneen op jou kop,
sê tien keer: Nou wil ek!'

Soos Hasie gesê het, het Wortie gemaak,
en kyk, hy begin sommer werk sonder ophou.
Of dit reën of kapok, dit maak nie meer saak,
want Worteltjie-Wil-Nie is Worteltjie-Wil-Nou!

M. HORN

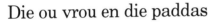

Die ou vrou en die paddas

Pikkewyn

In die maanskyn elke aand
stap 'n vroutjie, oud en krom,
deur die bome na die dam
tot sy by die paddas kom.

Die kinders loer nou deur die venster,
hulle word vir haar so bang!
Sy dwaal daar rond en soek en soek
'n stok om paddas mee te vang.

Die paddas, kwaai, wip op die wal
en maak om haar 'n wye kring,
die ou vrou het so groot geskrik,
sy het binne-in die dam gespring!

HELENA J. F. LOCHNER

Wiggel-waggel kom hy aan –
lyk of hy nou kerk toe gaan.
Wit borshemp en swart manel
oor 'n bors wat sak en swel.

Ag, ou Pikkie, sê vir my
waar jy daardie kleertjies kry?
Mooi en netjies sit jou jas
en die broekie, alles pas!

Maar ou Pikkie wil nie praat
al is hy trots op sy gewaad!
Daar duik hy onder branders deur,
'n vissie het hy mos bespeur.

REDA DREYER, GEWYSIG

My mooi rooi bal

Ek speel op die strand
met my rooi bal.
Maar Noordewind kom
en word skoon mal.

Hy ruk my rooi bal
uit my hand
en jaag hom met sy besem
al oor die sand.

Ek hardloop agterna
en ek roep, maar hy vee
my mooi rooi bal
tot binne-in die see.

Noordewind lag,
die branders skater,
en hul dans met my bal
weg-weg oor die water.

ULRICH GERRYTS

Met Pappie of Mammie gaan loop

As ek met my pappie gaan loop,
sien ek skape en bokke
en treine en trokke,
as ek met my pappie gaan loop.

As ek met my mammie gaan loop,
eet ek suur pruimedantes
by al die ou tantes,
as ek met my mammie gaan loop.

A. FOUCHÉ

Die vrolike eendjies

Dit reën dat dit so spat,
en ons word waternat!
Maar dit is na ons sin,
want verkoue kry is min!
Ons is mos eendjies in 'n span,
wiegel-waggel na die dam.

Wiegel-waggel, plons en kwaak,
daar is 'n padda, vat hom raak!
Kop na onder, stertjie bo,
'Duik,' skreeu Ma. 'Ja, so!'
Lekker sluk ons hom nou af,
hy's nie taai nie, net mooi saf.

Dan eers in die grassies wei,
sewe eendjies in 'n ry,
vlerkies klap en stertjies waai,
kwiek en kwak en waggel-swaai;
veertjies pik, dit skoon uitkam,
dan wéér wiegel-waggel na die dam!

F. MARIE FIVEASH

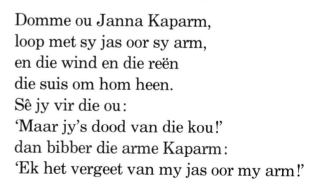

Ou Janna Kaparm

Domme ou Janna Kaparm,
loop met sy jas oor sy arm,
en die wind en die reën
die suis om hom heen.
Sê jy vir die ou:
'Maar jy's dood van die kou!'
dan bibber die arme Kaparm:
'Ek het vergeet van my jas oor my arm!'

ANNA DU RAAN

Tant Bet

Ons loop verby tant Bet se stoep
toe sy ons vriendelik binneroep.

Vir my leer sy 'n vliegtuig vou,
vir Kleinsus meisies knip wat handjies hou.

Van 'n lemoen word skuitjies uitgesny
en Kleinsus kan 'n skilslang kry.

Tant Bettie wiebel, wabbel, swaai –
Kleinsus lag dat sy so kraai!

Kleinsus bid haar aandgebed:
"Jesus, maak my soos tant Bet – so vet!"

TRIENKE LAURIE

Mamma

Twee blommetjies vir Mamma,
want sy kook my kos.
Nog twee blommetjies vir Mamma,
sy maak nare knope los.
Twee blommetjies vir Mamma,
want sy sing vir my.
Nog twee blommetjies vir Mamma,
sy sit pleisters op 'n sny.
Twee blommetjies vir Mamma,
want sy luister as ek kla.
Al die blommetjies vir Mamma,
sy's die mooiste, beste ma!

ALBA BOUWER

Die stoute kuikentjie

Donsie was 'n kuikentjie
wat saam met Ma rondloop.
Hier pik-pik, daar krap-krap
en kos kry sonder koop.

'Kinders, bly tog naby my,'
sê Ma-hen baie kwaad.
Donsie luister glad nie goed,
traak niks oor Ma se raad.

Donsie sien 'n vliegie daar,
wat sy nou na verlang,
deur die draad en agterna
en vliegie word gevang!

Donsie voel nou so alleen –
sy het te ver gegaan,
weet ook glad nie nou waarheen.
Daar val haar eerste traan!

Toe gaan die ma vir Donsie soek.
Sy het 'n pak gekry,
groot geskrik, en hard gehuil,
maar nooit weer weggebly!

HELENA J. F. LOCHNER

Met 'n mandjie rose

Liefste Tannie, ons bring rosies,
rosies blink met môredou;
mooie kleurtjies, soete geurtjies,
en dit alles net vir jou!

Rosies fluister: 'Liefde, soentjies'
in verbloemde blommetaal;
rosies wat ons uit ons tuintjie,
liefde uit ons hartjies haal.

Maar die soentjies . . . in geen mandjie,
nêrens in wil dit geluk –
liefste Tannie, ons is raadop –
soentjies moet jy self maar pluk!

A. G. VISSER

Vrouens, menere

Vrouens, menere,
dames en here,
luister, ek moet praat
net oor diere,
plante en miere,
gee my bietjie raad!

Dames en here,
likkewaanvere
is verskriklik skaars
en pampoene
dra geen skoene.
Is dit nie iets raars?

A. D. KEET

My mammie

My moeder is die mooiste vrou
wat op die wêreld woon!
Haar hare bruin en lank en sag,
haar oë, o! so skoon.

Haar hande is die heeldag klaar
om ander te bedien,
en, ly daar iemand pyn of smart,
dan het sy dit raakgesien.

Ja, Mammie is die beste vrou
wat op die aarde woon!
En, as ek eendag groter word,
dan sal ek haar beloon.

HENRIETTE PIENAAR

Sommer

Sannie Kompaan, jy maak my kwaad.
Waarom kom jy tog so laat?
'Sommer,' sê Sannie.

Jy's werklik stout, klein Sannie Kompaan.
Waarom het jy jou maat geslaan?
'Sommer,' sê Sannie.

Sannie Kompaan, jou gesig is vuil
en waarom het jy al weer gehuil?
'Sommer,' sê Sannie.

Sannie Kompaan, kom sê vir ons mooi,
waarom het hul Jona in die see gegooi?
'Sommer,' sê Sannie.

TIENIE HOLLOWAY

Liefde met gevoel

VIR 'N OUTJIE WAT MET DIE TONG STOOT

Waarom huil klein Sussie so?
Netnou het sy niks makeer nie.
Dis weer Boetie, kan jy glo –
maak hy haar nie altyd seer nie?

Waarlik, hy het haar gebyt:
kyk daar sit die merk, my lammie –
'n splinternuwe stoutigheid . . .
'Dis maar net van liefde, Mammie!'

Liefde? Dis 'n mooie grap!
Wat moet Mammie met jou doen
as jy so jou sussie hap?
'Slaan my, Mammie, maar eers soen!'

Maar eers soen! – Ek bid jou aan!
Sê my nou: wie kan dan slaan?

A. G. VISSER

Jantjie Spykerbeen

Hier kom Jantjie Spykerbeen
met 'n beesvel oor sy kop;
hy krap-krap hier, hy soek-soek daar
na iets om in sy sak te stop.

Wat is dit wat Jantjie soek
om in sy sak te stop?
Meisietjies wat huil en skree
en seuns wat hondjies skop.

RONNIE BELCHER

Kanarie

Gister het ons vir Kanarie begrawe.
Ons het lank gesukkel om hom te lawe,
maar sy bene was styf en sy pote krom,
sy ogies was toe en sy liedjie stom.
Toe het ons hom in die tuin gebring,
hom mooi toegegooi en hard gesing
en saam met ons het Jan Tatterat
en Mossie en Sysie die noot gevat.

F. DU PLESSIS

Konsert

Kom binne, kom binne,
ons konsert gaan beginne.
'n Sentjie, Meneer,
'n sentjie, Mevrou.
Vra ons jou meer,
dan kul ons vir jou.
Niemand ken 'n noot nie,
niemand is nog groot nie.
Elkeen dons maar sommer op,
niemand ken 'n woord boonop.
Ons weet nie wat ons maak nie,
maak nie baie saak nie.
'n Sentjie, Meneer,
'n sentjie, Mevrou.

TWINKLE HANEKOM

Die span maak geld

Sowaar soos vet, so by my kool,
in die houthok is 'n snaakse voël.
Tien sent betaal en vinnig roer,
dan mag jul deur die ruitjie loer.

Ons vier gaan deur Lekkerland reis,
ons koddige voël vir die mense wys.
Eendag skatryk, as ons huis toe kom,
maak ons die deurtjie oop vir hom.

W. O. KÜHNE. GEWYSIG

Domkop Daan

Dis bene af van val-uit-die-boom,
dis stukkende tong van stok-in-die-mond.
Dis stamp teen die kop van loop-en-droom,
dis skeur in die lip van lol-met-die-hond.

Dis vel afgeskroei van vuurhoutjies-brand,
dis amper sonder oog van klappers-skiet!
Dis byna verdrink van waag-by-die-strand,
maar mooipraat met Daan is skoon verniet.

Dis speel in die straat waar die motors ry,
dis jaag met die fiets om hoek en draai;
dis groen vrugte eet en spelde inkry,
dis dinge aanvang wat niemand sal raai.

Dis net ongeluk maak, dis al wat hy kan,
al waarsku jy hom selfs duisend maal.
Ja-nee:
Domkop Daan word 'n stok-ou man,
en dit in die hospitaal!

ANNA DU RAAN. GEWYSIG

Trekeend

Trekeend pak haar tassie
en skud haar vere reg;
oor 'n uur en tien minute
dan trek die vliegtuig weg.

Sy gaan in Noord-Italië
'n ruk vakansie hou –
'n ding wat sy swaar kan verdra
is die Kaapse reën en kou.

Slang en Skilpad kan maar lag
as sy hoog bo hul huise vlie;
hul sê sy is hoogmoedig,
maar dis sommer jaloesie.

RONNIE BELCHER

In die land van Marmelade

In die land van Marmelade
woon 'n sekere Jan van Stade,
en hy gee so baie rade –
hy't selfs raad teen jeremiade.

In die land van Marmelade,
toegespan met jakkalsdrade,
leef hul net van sjokolade,
help-my-druppels en genade.

In die land van Marmelade,
ly die mense baie skade –
dis deur al die goeie rade
van oom Jannie en sy gade!

A. D. KEET

Die oujongkêrel

Sy huisie was 'n erdvarkgat,
sy deurtjie was 'n springbokmat,
sy venster was 'n bottelglas,
wat in 'n hoek gemessel was.
Wie het dan so 'n huisie?
Wie het dan so 'n huisie?
Wie het dan so 'n huisie?
Wie hier op dees aarde?

Sy ete die was altoos koud,
'n vet gestoofde paddaboud,
of anders 'n gebraaide slak,
waaraan hy smul op sy gemak.
Wie het dan so 'n ete?
Wie het dan so 'n ete?
Wie het dan so 'n ete?
Wie hier op dees aarde?

Sy perdjie dra die naam van Fleur,
hy had dan ook 'n skimmel kleur,
sy haartjies was soos bont satyn,
soos die skoonste perd s'n fyn.
Wie het dan so 'n perdjie?
Wie het dan so 'n perdjie?
Wie het dan so 'n perdjie?
Wie hier op dees aarde?

Sy stalletjie was van eikehout,
die vloertjie was gelê met goud,
die krippie was geheel en al
ook uitgelê met bergkristal.
Wie het dan so 'n stalletjie?
Wie het dan so 'n stalletjie?
Wie het dan so 'n stalletjie?
Wie hier op dees aarde?

GEWYSIG

As dit fluit-fluit gaan

Dit was 'n bitter dag vir my,
dié Sondag in die kerk.
Waar ons sit, in die middelry,
word alles opgemerk.

Die dominee hou skielik op;
die ouderlings kyk om;
rooi-skaam laat sak my ma haar kop,
want almal lyk verstom.

Wel, tuis het ek 'n pak gekry,
ek huil my byna hees.
Maar dit was darem, glo vir my,
'n lekker fluit gewees!

A. G. VISSER

181

Die oop koevert

Ek skryf 'n brief aan koning Klaas.
Ek skryf: My liewe Oom,
hier op my duisend morge plaas
boer ek met goud en stoom.

Ek sê hom ek klim torings uit,
my spiere is van staal.
As ek van Tafelberg af fluit,
hoor hul my in Transvaal.

Één week het ek vergeefs gewag
dat hy 'n antwoord stuur.
Toe loer ek na my brief, en lag,
en prop hom in die vuur.

MARIÉ VAN REENEN

Ballerina

My niggietjie Karina
leer mos vir ballerina,
uitgevat van toon tot kop
nes 'n feëtjie, nes 'n pop.

'Lig die toontjies, ja dis reg,
punt die toontjies – glad nie sleg!
Vingertjies moet fladder – kom!
In die rondte, om en om.'

'Op die toontjies – *sur les pointes*!
Dans van hier af na die kant!'
Tik-tok nes Margot Fonteyn,
tik-tok tot by die gordyn!

VESTA OELOFSEN

Die sirkus

Het ek my verbeel
of hoor ek 'n orkes
wat deur die strate speel?

Vanaand gaan Tientoon-bobbejaan
weer op sy fietsie spog-spog
bolmakiesie slaan.

Tier en Leeu gaan rats
deur ringe spring
op slag van 'n karwats.

En die reuse-olifant
sit gedorie op 'n bankie
en lees koerant!

Maar vir wie ons eintlik wag,
is Tiekie, die hanswors,
wat ons lang trane sal laat lag.

A. J. J. VISSER

As ek my nie vergis

As ek my nie vergis
dan het 'n vis
twee vinne:
een buite,
en een binne!

As ek my nie bedrieg
dan het 'n vlieg
twee pote:
een kleine, en een g-r-o-t-e !

A. D. KEET

182

Predikasie

(ERNSTIG SOOS DIT 'N MAN BETAAM WAT
AL SY EERSTE KRUISBANDE AANHET)

Geliefde Gemeente, hier staan ek nou
om weer my Sondagpreek te hou
en, kan ek nie meer verder gaan,
begin ek weer van vooraf aan:

Farao verdruk die nasie –
hier begin die predikasie.
Israel aanbid die kalf –
hier's die predikasie half.
Deur die Dorsland veertig jaar –
predikasie amper klaar.
Ramshoring en trompetgeskal –
Jerigo se mure val.
Israel 'n vrye nasie –
einde van die predikasie.
Josua blaas op sy fluit –
kollekteer . . . die diens is uit.

Die liefdegawe ingesamel
lyk my besonder skraps en skamel,
en in vervolg mag net dié sing
wat Sondag hul kollekte bring.
Ek hoop dit is nou goed verstaan.
Koster, hef die slotsang aan!
Amen.

A. G. VISSER

Nou toe nou

Neef Padda sien vir oupa Krap
en groet die ou beleef.
Hy wonder altyd hoekom stap
die krappe almal skeef.

Hy sien vir Streepmuis voor sy huis
en spring-spring tot by hom.
Oom Strepie is 'n wyse muis
en dalk weet hy hoekom.

'Hoekom die krappe skeef loop, nè?
Ja, Padda, dis 'n ding.
Ek wens weer iemand kan mý sê
hoekom die paddas spring.'

PIET SWANEPOEL

My ponie

Ek het 'n mooi klein ponie,
sy naam is Hoplahy,
ek leen hom aan Leonie
om sewe myl te ry.
Sy slaan hom, sy looi hom,
sy jaag oor sloot en veld;
nooit verhuur ek weer my ponie
vir ál die nooi se geld.

VERWERK

183

Nartjie-pret

'Hier, my hartjie,'
roep Ma,
'kom, hier's vir jou 'n nartjie.'

Ek skil dit af
en plant die pitte.
In elke gaatjie
'n groot, groot witte.

Toe, soos dit hoort,
kom boompies op,
'n reuse-boord,

en die goudgeel
nartjies hang
so mooi soos mens
maar kan verlang.

Die buurt word nou geroep.
Hul pluk en pluk . . . dit lê
die huise vol, tot op die stoep.

Ons skil,
en toe word gou
met al die huisies
'n dorp gebou

en toe 'n stad
wat met sy torings
aan die wolke vat.

Meer dorpe, stede,
word aangelê,
tot húl weer ingepak
soos in die eerste nartjie lê.

Net, en hierso lê die knoop,
waar gaan ons 'n skil
vir so 'n bielie koop?

A. J. J. VISSER

Jakob Jokbok

Ek en my trapfiets is vreeslik sterk,
in 'n kits kan ons die sirkus wegtrek.

> Njannies impêla! Kapok!
> Vir wat sal ons staan en jok?

Bobbejaan rinkink op muggie se rug,
Aggeneys, Limpopo toe en terug.

> Warempel! Warimpel! Waarom
> sal ek met boggomstories aankom?

Twee trosse bokkems en 'n skip van staal
weeg ewe swaar op 'n visterman se skaal.

> En dit, kort en saaklik, is so waar as wat
> iedere walvis pal met 'n wolmus rondstap.

Iewerste wikkel en krukkel 'n duisendpoot,
lank soos Sishen se trein en nét so groot.

> Soek hom, en wie dié duisendpoot kry,
> sal oor my sêgoed nooit weer kom stry.

MARIÉ VAN REENEN

Radyse-raad

Roedie Radys moet gestraf word,
want Roedie Radys was stout.
Hy het twee pond perdebywors gesteel
en 'n halwe sprinkaanboud.

Die slagter het hom aangekla,
nou sit die Radyse-raad
om vir Roedie Radys 'n straf uit te dink –
hy doen darem glad te veel kwaad.

Die wasmasjien hou konsert

Oom Lang Witte doen 'n voorstel
(oom Rooi Rond sekondeer):
op 'n perdeby moet hy veld toe ry
om nog sprinkaanwild aan te keer.

'O ai!' kerm arme ou Roedie,
'was die boud en die wors dit werd?'
'Klim op!' skree die ganse Radyse-raad.
'Pas op! Hy skop met sy stert!'

Zoem-zoem! vlieg die by, en ou Roedie
moet net mooipraat en paai en streel
toe hul eindelik by Sprinkaanlaagte kom,
en sien hoe die sprinkane speel.

'Ag, wat sal ek maak?' huil ou Roedie
by sy 'perdjie' wat staan en vreet.
Die 'perdjie' kyk op: 'Laat ons maar die saak
van die wors vergewe en vergeet.'

Ou Roedie kom saggies nader,
maar die sprinkane het hom gewaar.
Die kleintjies vlieg-spring na hul mammies toe,
om te vlug vir die groot gevaar.

'Kom, ek help jou – jy moet net aanja;
my angel en ek doen die res –
as hul spring, sal ek steek!'
En jou waarlik, dié aand
kom hul tuis met 'n honderd-en-ses!

Die Radyse is skoon opgewonde –
oom Witte sê: 'Gee my jou hand!'
'Hoera!' skree die ander. 'Hoera! Hoera!
vir die held van Radyse-land!'

M. HORN

Kom, Boetie, kom, Sussie,
en maak tog net gou!
Die wasmasjien gaan sy
konsert vir ons hou!

Deur sy venstertjie sien ons
die wasgoed daarin –
nou kondig hy aan dat
die spel gaan begin!

Hy gorrel en borrel,
sy magie draai tol;
daar binnekant sien ons
die klere rondrol.

My pappa se blou hemp
gaan stadig verby
met Mamma se voorskootjie
dig aan sy sy.

En Boetie se broek hang
daar onderstebo;
hy terg al weer iemand,
dit kan jy maar glo!

My sussie se rooi rok
verdwyn om die draai.
Maar my sakdoekie wag om
vir my te kan waai!

TRYNA VISSER

Die Land van Wol en Hare

Die wêreld is 'n ronde bol,
van binne is hy hol.
En in die middel, vol gevare,
lê die Land van Wol en Hare!

Onder is bo
en agter voor –
dit is alles baie snaaks.
Ons het dit al verander,
en dit bly nog altyd so
in die Land van Wol en Hare.

Die son skyn snags
– die maan bedags,
raak is altyd mis.
Laag is hoog en
kom is gaan –
en as jy loop
dan bly jy staan
in die Land van Wol en Hare.

Verkeerd is reg,
goed is sleg
en soet is baie bitter,
maar swart is wit
en swarter baie witter.
As jy opstaan, bly jy sit
in die Land van Wol en Hare.

Jonk is oud,
warm is koud
en 'n myl is twee myl lank.
Die waens is sonder wiele
en die huise is van plank
in die Land van Wol en Hare.

Die mense kan wel lag en sing
en hulle dans te mooi in pare.
Maar niemand sê 'n woord nie –
hulle gesels net met gebare
in die Land van Wol en Hare.

Die mense speel kalbaskitare
en werk in die akkers met houtploegskare.
Hulle eet net
pap-,
sop-,
waternat beetblare
in die Land van Wol en Hare.

Die seuns werk stekies met tolbosgare,
en af en toe met wol.
Die meisies draai tabaksigare
van ou verlepte taaibosblare
en saans speel hulle tol
in die Land van Wol en Hare.

W. O. KÜHNE

Agterstevoor

Die wêreld is vir my so snaaks,
'n mens sukkel baie, ai!
As ek graag mooi weer wil hê
dan moet die wind juis waai!
Dit lyk my alles is net mooi
verkeerd-om omgedraai!

My lesse is oneindig lank,
en stories weer, te kort;
my poedingbord is vlak, maar pap
kry ek in 'n groot diepbord!
En alles waar ek nie van hou
moet ek eet om vet te word!

Ou Kaatjie was vir my met seep,
en maak my oë seer;
ek sou tog liewers soos my pa
in warm water skeer;
maar dis weer wat ek nie mag doen!
Ja dit, en nog veel meer!

En saans sit Pa tot laat en skryf,
maar vroeg begin hy gaap;
as ek kom nagsê, dan sê Pa:
'Ek wens ek was jy, Jaap!'
En *ek*, wat nog lank nie vaak is,
moet maar getroos gaan slaap!

Die wêreld is snaaks: waar jy voor wens
dit stel jou mos teleur;
maar net wat jy nie graag wil hê,
staan reeds al voor jou deur!
Ek maak nou so: ek wens agterstevoor,
dalk sal dit reg gebeur!

HILDA POSTMA

Die Parade

Ek het oormôre na die **Parade** gestap,
maar kinders, ek sê vir jul dit was 'n grap!
Dit was vroeg in die môre, die maan was al op,
'n trembus kom aan op 'n stywe galop.
Die oostewind waai so skraal uit die wes,
die hare staan regop op Omie se bles.
'n Kaalvoet-knapie met nommer-tien-skoene
sê: 'Meneer, die sjieling kos twintig lemoene.'
Tamaties en pynappels sit daar en wals;
'n koolkop met hoofpyn drink wilde-mak-als.
Die eetappels eet, die kookappels kook,
en net waar jy hoor, staan patattas en rook.
'n Seekoei wat bloots op 'n nagmerrie ry,
sing 'Waar is my Dina, die Dina van my?'
Maar Omie was moeg na die heeldag se rus,
toe draf ek maar huis toe op Bellville se bus.

M. HORN

187

Groente-gedoentes

Daar's 'n groot gedoente in die groentetuin,
dit raas en dit rumoer.
Kosie Komkommer blaas die basuin,
Ben Boontjie slaan tamboer.

Daar's 'n groot gedoente – vandag is die dag
om president te kies.
Andries Aartappel is die een kandidaat
(hul noem hom 'Versigtige Dries').

Nommer twee is Wilhelmus Waatlemoen,
hy stuit vir niemand nie;
en lang Karel Mielie met sy stywe been
en sagte baard, is nommer drie.

'Kom, vriende, kom stem vir my!' roep Dries.
'Ek is die man vir die taak.'
'Ag nee wat,' antwoord Waatlemoen,
'hy's bang om sy mond oop te maak!'

'Kyk, ek is mos nou 'n dapper man,
ek het net die lyf daarvoor!'
'Wat wou! Hy's glad nie eens groente nie!'
laat Mielie van hom hoor.

'Ek sê vir julle, vriende, stem vir my,
met my baard en my lange been!
Ek is oud en wys en kan verder sien
as enig ander een.'

'Wilhelm!' 'Dries!' 'Karel!' Hoor die geskree!
Dit word hoe later hoe kwater.
'n Koei kom stil by die hek ingestap;
haar mond begin te water.

Daar's groot gedoente in die groentetuin –
die groente vlug wyd en syd.
Die drie kandidate is opgevreet,
en hul president is hulle kwyt.

M. HORN

Die knuisie

Daar was eendag 'n muisie
met 'n lieflike knuisie
net agter haar linkerpoot voor.

Maar met knuisie en al
was sy stout, en veral
saans kon jy kwaai woorde hoor.

Maar voordat ons aangaan,
moet ons darem eers nagaan
wat vir 'n ding 'n knuisie nou is.
Mens kry knuisies op muisies
net soos bratte op katte.
Maar die brat van 'n kat
is glad nie so plat
soos die knuis van 'n muis.

Die naam van die muisie?
Nou wie sal dit raai?
Nie Muisie-Kaluisie,
of Kluisie-Maluisie,
maar Dorie-Malorie Malai.

Ons muisie Malorie
– dis mooier as Dorie –
se grootste moeilikheid was
dat sy nooit nie haar knuisie
soos 'n gewone soet muisie
wou afhaal en hang in die kas.

SUNA DE VILLIERS

Die apie se bruilof

Ek sit eendag so druk en skryf,
daar onder op my plek,
toe kom neef Kesie aangery,
'n briefie in sy bek.

Dit was geskryf op varkensblaar,
dit was 'n bietjie dof;
dit was mooi 'n uitnodiging
na Apie se bruilof.

KOOR

Ons dans dat dit so gons
die lekker konteljons;
die orkessie vals die speel 'n wals,
die aap was musikant.

Toe begin ons met die etery,
die tafel staan gedek;
elk gryp maar wat hy kon kry,
elk het ietsie in sy bek.

Die bruid ry op 'n olieblik,
die skilpad het getrek,
die leisels was gesmeer met pik,
die toompie in sy bek.

Oom Jakkals het die koets gery,
die voorman was 'n mier;
strooijonker was oom Ystervark,
strooimeisie was nig Tier.

Oom Springhaas, met sy groot groen bril,
hy was die bruidskoetsier;
toe kom ou Bobbejaan daar aan
op 'n bloue Arabier.

Die fluitjies, tromp en die ramkie,
dit was 'n bietjie dof;
maar 'n mooi ding was dit om te sien
die apie se bruilof.

H. BRUWER. GEWYSIG

Mê!

'N MOFLAMMETJIE MET 'N AFRIKANERSTERTJIE

Mê, Lammetjie, mê!
Lammetjie wei by die dammetjie;
daar stamp hy teen 'n steentjie
en breek sy linkerbeentjie;
toe skree die lammetjie: Mê!

Mê, Lammetjie, mê!
Lammetjie wei by die dammetjie;
toe spring hy oor 'n slootjie
en breek sy agterpootjie;
toe skree die lammetjie: Mê!

Mê, Lammetjie, mê!
Lammetjie wei by die dammetjie;
toe kruip hy deur 'n poortjie;
en skraap sy regteroortjie;
toe skree die lammetjie: Mê!

Mê, Lammetjie, mê!
Lammetjie lê op die pannetjie;
die vuurtjie het mooi doodgeraak;
en toe die kok die oond oopmaak,
toe skree die lammetjie: Mê!

A. G. VISSER

Die klaagliedjie van die os

Toe ek nog maar 'n kalfie was,
moes ek al onreg ly:
my melk gaan in die mens se glas,
die oorskiet kon ek kry.

Die skaaplam loop saam met die ooi,
die merrie met haar vul;
hul speel en suip . . . dit is so mooi –
net ek word maar gekul.

Die heeldag staan ek in die kraal,
al het ek nog so dors;
en word die koeie saans gehaal,
dan kry ek eers die bors.

Net soos Ma die melk laat sak,
moet ek opsy gaan staan,
want as ek dan die tepel pak,
word ek op my kop geslaan.

Die skaap selfs, ag, die is so fyn,
hul kry die beste vlei;
maar grofste gras is goed vir my,
wat altyd uitskot kry.

Die perd en muile kry hul kos,
so lekker as soetkoek –
hul in die stal, ek in die bos
moet self my kos gaan soek.

'n Sagte tuig kry muil en perd,
om lekker te kan trek;
my rug die kry die aap se stert,
die juk hard op my nek.

Die perd trek in die spaider fraai,
en word dan nog gestreel;
maar mý wa word swaar opgelaai –
transportwa is my deel.

Die perd loop lig met toom en saal;
'n pakos het dit naar:
'n riem word deur sy neus gehaal,
sy pak is hard en swaar.

'n Perd loop in die mooiste straat,
met ligte ysters aan,
wyl my pad deur die bosse gaat,
of waar die klippe staan.

En is die perd eens oud en moe,
hy kry genadebrood;
dan moet ek na die slagter toe –
my loon is dan die lood.

My potklei-ossies

Huis toe, my potklei-ossies,
huis toe, voor dit hael.
Kyk hoe bewe die bossies,
kyk hoe duik die swael.

Hulle weet goed wat nader –
reën en hael en wind.
Bo in die lug vergader
die onweer wat verslind.

Huis toe my potklei-ossies,
kraal toe, eer dit kom.
Kyk hoe bewe die bossies,
hoor die donder brom.

Word julle nat, my beeste,
dan smelt jul sommer weg
soos kaalkop-kruispad-geeste
waarmee die maanskyn veg.

Jul horings wat nou so mooi is,
val af; jul sterte breek,
en jul moerbei-verf wat rooi is,
word aaklig sleg verbleek.

Die wa kan bly al hael dit,
hy's van sterk waatlemoen,
amper so sterk as staal – dit
maak hom net blinker groen.

Maar julle is klei, my ossies,
en julle is sag en teer,
en net soos klein veldklossies,
glad weerloos teen die weer.

Kyk, hier's 'n huis van Strandmol,
'n skuilte net van pas –
as die donder teen die rant rol,
staan julle hier eersteklas.

Ek dek julle toe met bossies,
met blare bruin en geel,
lê rustig en slaap, my ossies,
tot ons weer môre speel.

C. LOUIS LEIPOLDT

Ons speletjies van toet

Ons speletjies die was gewees,
soos jy dit nou hier kan lees:
knikker, pantspel, affronteer,
resies, riemspring en veel meer.

En praat nie van die 'Vroeë Roos'
wat jou laat sweet al word jy boos;
dan was daar ook die 'ly en gly',
kapatertjie soms ook daarby.

Ons kan dit vir geen sonde hou
omdat ons so gespeel het nou,
want 'n mens se lewe is maar kort
en wie weet wat van ons kan word.

As ons daar in die graf dan lê,
dan kan ons nageslagte sê:
Daar lê hy in die diepe gat,
maar tog hy het plesier gehad!

Bronnelys

Om enigsins 'n idee van die ontwikkeling van ons kleuterpoësie te gee, word die datums van die eerste drukke aangedui – die tekste is gewoonlik hieruit gehaal, behalwe waar 'n ander druk tussen hakies staan.

Die bronne vir die volksrympies, die raaiselrympies, vir die werk van anonieme digters en vir die verwerkings is die volgende: *Ons Klyntji, Die Brandwag, Die Huisgenoot, Die Boerevrou, Die Kleinspan, Ons Tydskrif* en *Die Jongspan;* verder is verskillende kinderjaarboeke, kunswedstryde- en debatsverenigingboekies geraadpleeg; dankbare gebruik is gemaak van studies en versamelings, soos die *Nederlandsche Baker- en Kinderrijmen,* versamel en meegedeel deur dr. J. van Vlooten (met die melodieë versorg deur M. A. Brandts Buys), 3de, veel vermeerderde druk, Leiden, 1874; *Twee en sestig uitgesogte Afrikaanse Gedigte,* deur F. W. Reitz, HAUM, Kaapstad, 5de druk, 1916; *Afrikaanse Gedigte, Byeenfersameld uit wat in di laaste 30 jaar ferskyn is, 1876–1906,* Paarl Drukpers Maatskappy, Bpk., Paarl, 1906; *De Oorsprong der Kaapsch-Hollandsche Volksoverleveringen,* deur F. Th. Schonken, (vertaling uit die Duits), Amsterdam, 1914; *Kinderrijmpies vir Afrikaanse Kinders,* versamel deur Tante Kota, Pretoria-Kaapstad, 1917; *Rijmpies en Raaisels, Bijdrae tot die Suidafrikaanse Volkskunde,* deur C. F. Groenewald, Groningen, 1919; *Afrikaanse Volksliedjies, 'Piekniekliedjies' (Ballade-Poësie),* 1918, en *Afrikaanse Volksliedjies, 'Minneliedjies',* 1921, deur S. P. E. Boshoff en L. J. du Plessis, J. H. de Bussy, Pretoria; *Suid-Afrikaanse Volkspoësie, Bydrae tot die Suid-Afrikaanse Volkskunde,* deur dr. S. J. du Toit, Amsterdam, 1924; *Nederlandsche Volkskunde,* tweede deel, deur dr. Jos. Schrijnen, tweede hersiene druk, Zutphen, 1933; *The Oxford Nursery Rhyme Book,* saamgestel deur Iona en Peter Opie, Oxford, 1955. Vergelyk ook *Raai Raai Riepa of die Afrikaanse Raaiselboek met Snelsêertjies en Boerespelling,* saamgestel deur G. H. van Rooyen en S. H. Pellissier, Pretoria, 1954 en die *FAK-Sangbundel,* versorg deur prof. dr. A. C. Hartman, e.a., vierde uitgawe, eerste druk, Johannesburg, 1979.

B., A.: *Versies vir die kleintjies,* Gebr. Darter & Kie., Kaapstad, s. j.

BELCHER, R. K.: *Pampoenkoekies,* HAUM, Kaapstad, 1973; uit *Verskombers,* Tafelberg-Uitgewers Bpk., Kaapstad, 1977; *Voëltjies met Vlerkies,* HAUM, Kaapstad, 1979.

BOERNEEF: *Versamelde Poësie,* Tafelberg-Uitgewers Bpk., Kaapstad, 1977.

BOSHOFF, W. H.: *Gediggies vir Ons Kleintjies,* M. Rieck, Kaapstad (vyfde uitgawe), 1919.

BOSMAN, W. D. uit Elizabeth H. W. de Ruiter se *Skone Klanke, Gediggies vir Graad 1 en 2,* Afrikaanse Pers-Boekhandel, Johannesburg, 1951.

BOUWER, ALBA uit *Verskombers,* 1977; *Ienkel, dienkel,* 1980, albei Tafelberg-Uitgewers Bpk., Kaapstad.

BRUWER, H. uit *Afrikaanse Gedigte, 1876–1906,* Paarl Drukpers Maatskappy (Edms.) Bpk., Paarl, 1906.

CELLIERS, JAN F. E.: *Die Vlakte en Ander Gedigte,* Nasionale Pers Bpk., Kaapstad, 1934; en verskeie volksleesboeke.

CILLIERS, A. B. uit J. J. van der Merwe en A. K. Bot se *Ons Afrikaanse Resitasieboek vir St. 1 en 2,* J. L. van Schaik Bpk., Pretoria, 1920.

DE VILLIERS, MANAS en AMIE uit *FAK-Sangbundel.*

DE VILLIERS, MAVIS: *Poekie se Boekie,* Nasionale Boekhandel Bpk., Kaapstad, 1950.

DE VILLIERS, SUNA: *Haai, Selina, jok jy nie?,* Nasionale Boekhandel Bpk., Kaapstad, 1965.

DE V(OS), H. uit die *Silwerboom*-reeks, st. 1, Nasionale Boekhandel Bpk., Kaapstad, 1952.

DREYER, REDA uit *Verskombers,* Tafelberg-Uitgewers Bpk., Kaapstad, 1977.

DU PLESSIS, F.: *Rympieboek vir kinders,* 1963; uit *Verskombers,* 1977, albei Tafelberg-Uitgewers Bpk., Kaapstad.

DU PLESSIS, I. D.: *Lied van Ali en ander Ge-digte*, Nasionale Pers Bpk., Kaapstad, 1931; *Kaapse Moppies*, Perskor-Uitgewery, Johannesburg, 1977. Vgl. ook *Mens en Ster, Verse 1925–78*, Tafelberg-Uitgewers Bpk., Kaapstad, 1980.

DU RAAN, ANNA: *Omgewingsleer vir Sub. A tot St. 2*, Nasou Bpk., Kaapstad, s.j.

DU TOIT, ELSA uit ongepubliseerde manuskrip.

ENGELA, SAAR: *Babaliedjies*, J. L. van Schaik Bpk., Pretoria, 1939; uit Jan Kromhout se *Keur vir ons Kinders*, J. L. van Schaik Bpk., Pretoria, 1950.

FIVEASH, MARIE F. uit Elizabeth H. W. de Ruiter se *Skone Klanke, Gedigte vir St. III en IV*, Afrikaanse Pers-Boekhandel, Johannesburg, 1951.

FOUCHÉ, A(BRAHAM): *Kleuterklankies*, Nasionale Pers Bpk., Kaapstad,1938; *Klein-verse vir kinders*, 1964, albei Tafelberg-Uit-gewers Bpk., Kaapstad.

GERRYTS, ULRICH: *Versepret*, McGraw-Hill Boekmaatskappy, Johannesburg, 1971; *Dassie se jassie en ander rympies vir kleuters*, Human & Rousseau-Uitgewers (Edms.) Bpk., Kaapstad, 1977.

GROBBELAAR, PIETER W.: *Koeitjies in die klawer*, 1975; *Trippe, trappe, trone*, 1976, albei Tafelberg-Uitgewers Bpk., Kaapstad.

GUTSCHE, A. D. E. en McLACHLAN, P. uit *FAK-Sangbundel*.

HANEKOM, TWINKLE: *So Praat Ons Lekker*, Nasionale Pers Bpk., Kaapstad, 1942, en 'n ongepubliseerde bundel *Toontjies*.

HEESE, HESTER: *Bokmakierie Sing*, 1975; uit *Verskombers* 1977, albei Tafelberg-Uitgewers Bpk., Kaapstad.

HEYNEKE, JULIA uit Elizabeth H. W. de Ruiter se *Skone Klanke, Gediggies vir Graad 1 en 2*, Afrikaanse Pers-Boekhandel, Johannesburg, 1951.

HOLLOWAY, TIENIE: *Rympies van Tienie Holloway*, 1977; *Versies van Tienie Holloway*, 1978, albei Human & Rousseau-Uitgewers (Edms.) Bpk., Kaapstad.

HORN M. uit *Die Jongspan*.

IZAK, OOM: *Wielietjies*, J. L. van Schaik Bpk., Pretoria (tweede druk), 1931.

JANDRELL, THEO W.: *Moeder en Kind en ander Gediggies*, J. L. van Schaik Bpk., Pretoria (tweede druk), 1931.

JAN WAT VERSIES MAAK (C. P. HOOGENHOUT): *Eerste Afrikaanse Printjies Boeki ver Soet Kinders*, 'n faksimilee-uitgawe van die oorspronklike uitgawe van 1879, deur Human & Rousseau-Uitgewers (Edms.) Bpk., Kaapstad, 1975.

JOUBERT H. uit Elizabeth H. W. de Ruiter se *Skone Klanke, Gediggies vir St. I en II*, Afrikaanse Pers-Boekhandel, Johannes-burg, 1951.

KEET, A. D.: *Gedigte*, Swets & Zeitlinger, Amsterdam, 1931; *Verspotte Gediggies vir Verspotte Kinders*, Nasionale Pers Bpk., Bloemfontein (tweede druk), 1931.

KING, JOHN P. uit Elizabeth H. W. de Ruiter se *Skone Klanke, Gediggies vir St. I en II*, Afrikaanse Pers-Boekhandel, Johannes-burg, 1951.

KLEINJAN (kyk J. R. L. VAN BRUGGEN)

KOTZÉ, BESSIE: *Resitasies vir Grietjies en Klasies*, Nasionale Pers Bpk., Kaapstad, 1947; *Neutvars Versies vir die Kleinspan*, Nasionale Boekhandel Bpk., Kaapstad, 1950; *Orlapant die Olifant en ander versies*, Human & Rousseau-Uitgewers (Edms.) Bpk., Kaapstad, 1978.

KROG, ANTJIE: *Mannin*, Human & Rous-seau-Uitgewers (Edms.) Bpk., Kaapstad, 1975.

KÜHNE, W. O.: *Huppel maak 'n Plan*, 1976; *Vrolike Huppelkind*, 1976, albei Tafelberg-Uitgewers Bpk., Kaapstad.

LABUSCHAGNE, MARINA: *Woordjies vir klein oortjies*, Tafelberg-Uitgewers Bpk., Kaapstad, 1980.

LANGENHOVEN, C. J.: *Versamelde Werke*, dele V en XI, Nasionale Pers Bpk., Kaap-stad, 1934.

LAURIE, TRIENKE uit ongepubliseerde manuskrip.

LEIPOLDT, C. LOUIS: *Versamelde Gedigte*, Tafelberg-Uitgewers Bpk., Kaapstad, 1980.

LINDE, FREDA uit *Storiehuis, Woordpaleis*, Tafelberg-Uitgewers Bpk., Kaapstad, 1979.

LOCHNER, HELENA J. F.: *Versieland*, Human & Rousseau-Uitgewers (Edms.) Bpk., Kaapstad, 1969.

McLACHLAN, P. en A. D. E. GUTSCHE uit *FAK-Sangbundel*.

MALAN, WINNIE: *Vreugdeversies, Rympies en Gediggies vir Kinders*, HAUM, Kaap-stad, 1940.

MALHERBE, CHRISTIEN uit ongepubli-
seerde bundel *Suikerklontjies vir
Kleutermondjies.*

MARTINS, HARPER: *Die Rustelose Gees en
Ander Nuwe Gedigte,* Paarl Drukpers
Maatskappy, 1920.

NAUDÉ, MARIECHEN: *Rympies vir Vinger-
tjies en Duimpies,* Nasionale Boekhandel
Bpk., Kaapstad, 1964.

NEL, RIKA: *Die Rymelaar van Toet,* Human
& Rousseau-Uitgewers (Edms.) Bpk., 1981.

NIEMEYER, ELSA: *Wouter Snouter, Versies
vir Kinders,* Voortrekkerpers Bpk., Johan-
nesburg, 1940.

OELOFSEN, VESTA uit ongepubliseerde
manuskrip.

O(PPERMAN), M. (sien ook MARIÉ VAN
REENEN) uit ongepubliseerde
manuskripte.

PIENAAR, HENRIETTE: *Skoenlappers en
Bye, Riempies vir sub sts. A en B,* Nasio-
nale Pers Bpk., Kaapstad, 1933; *Versies vir
Jou en My, vir sub sts. A en B en St. I,*
Strand Printing Works, Die Strand, 1936;
uit *Die Kleinspan* en ongepubliseerde
gedigte.

PISTORIUS, JEANETTE: *Versies vir Baba-
land,* J. L. van Schaik Bpk., Pretoria, 1947.

POSTMA, HILDA: *Tuinversies,* Nasionale
Pers Bpk., Kaapstad, 1947.

SAAYMAN, CECILIA: *Kriewel-kruie en
ander rympies vir kleuters,* Human &
Rousseau-Uitgewers (Edms.) Bpk., Kaap-
stad, 1980.

SCHWARTZ, BESSIE: *Suid-Afrika/South
Africa: Tweetalige gediggies/Bilingual
verses,* C.N.A., Johannesburg, 1948.

SMIT, E. M.: *Kleuterpret,* Universiteits-Uit-
gewers en –Boekhandelaars, Stellenbosch,
1971.

SNYMAN, ELIZABETH: *Kleutervreugde,*
Perskor-Uitgewery, Johannesburg, 1972.

SPENCE, ELA uit Jan Kromhout se *Keur vir
ons Kinders,* J. L. van Schaik Bpk.,
Pretoria, 1950.

SPIES, J. F.: *Flie-fla siembamba,* Tafelberg–
Uitgewers Bpk., Kaapstad, 1979.

SPIETHOFF WALTER uit *FAK-Sangbundel.*

STEYN, ESTA uit ongepubliseerde
manuskrip *Veertig Vrolike Versies.*

STRYDOM, NIC J.: *Klontjies vir Kleintjies,*
1980; *Kort is die Pad,* 1981, albei Human &
Rousseau-Uitgewers (Edms.) Bpk.,
Kaapstad.

SWANEPOEL, PIET: *Rympies vir Duimpies,*
Human & Rousseau-Uitgewers (Edms.)
Bpk., Kaapstad, 1977.

T(HERON), I(DA) uit *Die Kleinspan.*

TRAAS, B.: *Eenvoudige Versies,* Nasionale
Pers Bpk., Kaapstad, 1938; *Drie-en-dertig
Kort Gediggies,* Afrikaanse Pers-Boek-
handel, Johannesburg, 1952.

VAN B(ELKUM), J(EANNE): *Kinders van
die Boerevrou, Jaarboek,* Pro Ecclesia,
Stellenbosch, 1939.

VAN BRUGGEN, J. R. L. (KLEINJAN):
Môrestond, HAUM, Kaapstad, 1936; *Poësie
vir ons Kleuters,* J. L. van Schaik Bpk., Pre-
toria, 1939.

VAN DER MERWE, ELIZABETH:
Kinderverse in gerwe, op die pers by
Human & Rousseau-Uitgewers (Edms.)
Bpk., Kaapstad.

VAN REENEN, MARIÉ (M.O.) uit
ongepubliseerde manuskripte.

VAN TONDER, CHRISTA: *Hartediefies, Kin-
dergediggies vir Skool en Huis,* Nasionale
Pers Bpk., Kaapstad (derde druk), 1932.

VERSFELD, W.: *Springbok Rympies en Sto-
ries voor die Kinders,* Townsend, Taylor en
Snashall, Kaapstad, s. j.

VISSER, A. G.: *Versamelde gedigte,*
Tafelberg-Uitgewers Bpk., Kaapstad, 1980.

VISSER, A. J. J.: *Hier kiep-kiep en hiep-hiep
daar,* Tafelberg-Uitgewers Bpk., Kaapstad,
1981.

VISSER, ALMA en MARA: *Handjies Same,
Versies met gebedjies vir Kinders,* N.G.
Kerkboekhandel, Pretoria, 1979.

VISSER, TRYNA: *Versies vir jongmensies,*
Human & Rousseau-Uitgewers (Edms.)
Bpk., Kaapstad, 1980.

VIVIERS, BEATRIX: *Versies vir Woelwaters,*
Perskor-Uitgewery, Johannesburg, 1976;
Diererympies, Daan Retief-Uitgewers,
Pretoria, 1979.

VORSTER, MARIA J.: *Versies uit Niemands-
land,* J. L. van Schaik Bpk., Pretoria, 1922.

WICHT, LOUIE uit Elizabeth H. W. de Ruiter
se *Skone Klanke, Gediggies vir Graad 1 en
2,* en *Gedigte vir St. III en IV,* Afrikaanse
Pers-Boekhandel, Johannesburg, 1951.

Digters

Titels

Beginreëls